JN237815

「営業の仕事」についてきれいごと抜きでお話しします

川田 修

三笠書房

まえがき

この「営業へのスタンス」が、いい仕事、いい人生をつくる

今からこの本を読み進められるあなたに、まずお断りしておかなければならないことがあります。

この本には、「営業の仕事って、こんなに楽しいことがあるんですよ」とか、「こうすれば、誰でも必ず営業成績が上がります」というような〝**きれいごと**〟**は書いてありません。**

すぐに結果が出る営業テクニックなどが書かれていても、「若くて経験のない人が、そんなに簡単に結果を出せるものではない」というのが私の考えです。

甘い言葉だけを書き、現実に役に立たないのは、読んでくださる方に対して失礼

だとも思っています。


はっきり言いましょう。

営業は、楽《らく》な仕事ではありません。大変なこともたくさんあります。厳しいと思えることも、読んでいくうちに出てくるかもしれませんが、そんな現実も包み隠さずお話しするつもりです。

でもその一方、毎日いろいろなお客様と出会う中で、大きな気づきや経験が得られます。

私自身の人生を振り返ってみても、大変だったことも含めて、営業の仕事こそが自分を伸ばしてくれました。**人として成長できる一番の仕事は営業**だと思っているのです。

だからあなたにも、営業の仕事の先にある〝光〟のようなものを味わってほしい。その〝光〟が、自分にどんな影響を与えるものなのか、どんなふうに糧《かて》となるのかを感じ取ってほしい。

私がお伝えしたいのは、営業という仕事の大変さにどう向き合うべきか。そこから何を得ることができるのか。そんな、仕事をしていく上での「核」の部分です。

私は現在、外資系保険会社で営業をしています。以前は違う業界で営業をしていましたが、２つの会社でトップの成績を上げてきました。その中で得た気づきや考えを『かばんはハンカチの上に置きなさい』（ダイヤモンド社）という本に書き、それがきっかけでさまざまな企業、さまざまな業種、組織や会合でお話をする機会が増えました。

中には、入社3年目までの営業マン・ウーマンだけを集めた「若手社員の座談会」のゲストとして来てほしいという話や、就職活動を控えた学生向けに、という機会もあります。

若い人たちのこの学ぼうとする姿勢には、「すごいな」と感じます。

でもその反面、

「営業という仕事について、若い人はこんなイメージを抱いているんだな。でも現実は、ちょっと違うんだよな」

「20代の今だからこそ、やっておくといいこと、経験しておきたいことがあるのに、案外やってないんだな」

というようなことにも、いろいろと気づきます。

言ってみれば、営業という仕事のイメージを少しずれ、い、ずれてとらえていて、勝手につくり上げたそのイメージを怖がっている。そしてそれに潰されている。

そんな感じがします。

仕事というものには、新人の頃や若いうちだからこそ、経験しておかなければいけないこと、知っておくことがたくさんあります。

この本は、「営業0年目〜3年目」の人が今一番知っておくといいことだけを考え、書き出したものです。

「営業0年目」というのは、営業の職に就くことも視野に入れて就職活動をしている学生や、営業職の内定をもらい、入社を待っている人という意味です。

「営業3年目」とは、新人の頃に比べると仕事の要領も摑《つか》めてきたけれど、一方で「今の仕事のやり方をずっと続けていいのか」「もっと成績を出すにはどうすればいいか」と悩み始めるタイミングだと思います。

これから自分の仕事人生を切り開いていく営業マン・ウーマンにぜひ知ってほしいのは、**単なる営業テクニックではなく、営業という仕事の奥深さ**です。

もくじを見て、今のあなたにとって一番切実なテーマからページを開いていただいてもいいでしょう。そこからきっと、あなたの仕事観、人生観を変えるような瞬間が必ず得られると信じています。

川田　修

〈もくじ〉

3　営業の「向き・不向き」について

4　営業の仕事に就く前に知っておくこと

5 「新人だからできること」がこれだけある

6 ノルマ（目標）とどう向き合うか

7 お客様から信頼されるために

1

営業は「つらい仕事」なのか

仕事の「大変さ」とは

営業という仕事ほど、創造的で自由な職業はない――。私はこれまで何冊かの著書で、そう自分の思いを綴《つづ》ってきました。

でも「川田さん、本当は営業ってつらくて大変な仕事なんじゃないですか？」と聞かれることが結構あります。

つらい、しんどい、大変そう……。営業という仕事に対して、ネガティブな印象を抱いている人が多いのだと思います。

たしかにその通り、「大変」です。

営業というのは、お客様あっての仕事です。自分の意見を言ったり、相手の考えに対して「違う」と言いたくても、言えないこともある。我慢することも多い。

会社の中でも、社外の人とのやり取りが一番多いのが営業です。気を遣うことも一番多いでしょう。大変な仕事なのは、たしかに事実なのです。

でも、逆に聞き返させてください。

「では、大変じゃない仕事って、どんな仕事なんですか?」

たとえば、本をつくる仕事。文章を書く作家さんやライターさんは、いつも締切に追われて仕事をしています。多くの取材をしたり、何かを生み出すためにさまざまなことを考えて、魅力的な文章を書かなければならない。私も自分で本を書くようになって初めてわかりましたが、これも大変な仕事です。

若い人が理想の就職先の一番に挙げているのは公務員だという話を聞きますが、学校の先生にしても行政の人にしても、ルールや前例を重んじなければならないわけですから、我慢しなければいけないことが多いでしょうし、民間企業とは別の大変さがあるはずです。

また、営業とは逆に、人とのやりとりが少なそうな仕事、たとえば工場の流れ作業にしても、肉体的な厳しさであったり、拘束されていて自由度が少ないといった、別の大変さがあるように思います。

私は、**どんな職業も、それぞれみんな大変な仕事をやっているの**だと思います。

大切なことは、その大変さとどう向き合い、どう乗り越えるかです。その中で自分が楽しいと思える価値を見出し、楽しめるかどうかなのだと思います。

「人との関わり」という仕事

もうひとつ私が思うのは、「営業的な観点」がない職業って世の中にあるのだろうか、ということです。営業的な観点とは、他人とやり取りをしながら仕事を進めることです。

飲食店で働くウエイターやウエイトレスといった接客業は、常にお客様とのやり取りをしている仕事です。

学校の先生だったら、生徒や父母、ＰＴＡとのやり取りがあるでしょう。

ひとりで気ままにやっているように思える画家や陶芸家といった芸術家にしても、お客様が作品を買ってくれなければ、仕事としては成立しません。

企画職や広報などでも、クライアントの人とのやり取りがあるでしょう。

どんな職業にも、必ず人との関わりがあるはずです。

お客様や社外の人とのやり取りがない仕事でも、同僚や他部署の人とのやり取りがあります。部下と上司の関係にしてもそうです。

相手のことを考えて、相手が今何を求めているのかを考慮して行動することは、人間関係の基本。一見、営業とは何の関係もない職業でも、相手を尊重して物事を考えることに変わりはありません。**どのような仕事にも、必ず営業的な感性が必要とされるはず**です。

仮に、他人との関わりが一切なかったり、あったとしてもコミュニケーションが何もなく、ロボットのように、ただ命令に従って無言で働く仕事を想像してみてください。それなら楽でいいと思う人もいるかもしれませんが、これから何十年もずっとその仕事をしている自分を想像して、ワクワクできるでしょうか？

その仕事を通じて、自分が人間的に成長していけるのでしょうか？

そして、**そんな仕事は本当に「面白い」のでしょうか？**

まだ社会に出たことがない人や、社会人としての経験が浅い人は、営業に限らず、大変そうに思える仕事はつらいのだと、紋切り型で考えてしまうのかもしれません。

でも、**本当に生き生きしている社会人は、みんな大変な仕事をしています。そして魅力的な社会人というのは、その大変さの中に「楽しさ」を見出している人**だと思います。

あなたが想像している「つらい」「大変」は、どんなことでしょうか。

仕事は「楽」であれば、それでいいのでしょうか。

もし楽だったとしても、そこに楽しいと思えることはどれだけあるでしょうか。

まずは、その根本的な部分から問い直してみてください。

営業マンにとって「笑顔が大切」といわれる理由

営業が「つらい」「大変な仕事」と思われがちなのは、いつもニコニコしていなければいけないイメージがあるからかもしれません。

営業職の人は、どんなときでも、常に愛想よく人と接しなければならない。自分にはそんなことはできない。そういうギャップに悩んでいる……という相談を受けたことがあります。

そんなふうに考えている人にまず知ってほしいのですが、営業だからといって、いつもニコニコしていなくてはいけないのかというと、そんなことはありません。

「営業の仕事って、いつも笑顔でいなくちゃいけないんですか？」と質問されたら、私は「そんなことはないよ」と言ってあげます。だって人間ですから、当たり前です。

しかし、**暗い顔をしているよりニコニコしている人のほうが、人として素敵だと思う**のも人間なら当たり前のことです。

落ち込むことがあってもいい。しかし、いつまでもそれを引きずらない。それが大切なことなのだと思うのです。

私は、こう考えています。

営業マンだからって、ニコニコしてなきゃいけないわけじゃない。でも、沈んだ表情の人は、結局は自分が損している。

どんなときでも笑顔を浮かべて楽しそうにしている人には、人も、お金も集まってきます。これは絶対的な事実として、営業に限らず、すべての職業に同じことが言えると思います。

私もいつもニコニコできるわけではありません。もちろん落ち込むことだってたくさんあります。数えていたらきりがないくらいあるのです。

しかし、大事なときにはスイッチを切り替えて、ある程度、感情をコントロールできるようにはなりました。営業という仕事を通じて、気持ちの切り替え方が上手になったのだと思います。

ニコニコしていても、そうではなくとも、時間は同じだけ過ぎていきます。だったら、笑顔でいたほうがいいと思いませんか？

落ち込んだ暗い気持ちのまま過ごしているのは、その人にとって損なことです。

「営業マン・ウーマンだから、いつもニコニコ笑顔でいなくちゃいけない」というよりも、人として、社会人として、どんな人が魅力的なのか？

「成功者」と呼ばれる人の顔を想像してみてください。
あなたが頭に思い浮かべたその人は、暗い顔をしていますか？
それとも、笑顔でいますか？
その人たちは、大変ではないのでしょうか？

先ほども書いたように、営業の仕事が大変なのは事実です。
でも、それを「つらい」と感じるか、「楽しい」と感じるのかは、その人次第ではないでしょうか？

「大変な仕事」と「つらい仕事」はイコールではありません。
「楽な仕事」だから「楽しい」とも限りません。

人が何かをするときに面白いと感じたり、心からワクワクするのは、目標を達成するために乗り越えるべき壁があるときです。

それを乗り越えたときに初めて、本当の意味で「楽しかった！」「面白かった！」と感じるのです。

営業は大変だけど、面白い仕事です。
大変だからこそ、面白い仕事なのです。

これから営業の世界へ飛び込む人たちや、営業の仕事で悩んでいる若い人たちに、私は自信を持って、そうお伝えしたいです。

2

営業の仕事の「イメージ」と「現実」

「外回り」という仕事の自由と責任

「営業はつらい仕事」というネガティブイメージの中には、「忙しそう」「時間に追われていそう」「仕事とプライベートの両立が難しそう」と思われているところもあるかもしれません。

つまり、〝働きづめ〟にならないといけない仕事、という印象があるようです。

営業マン・ウーマンが、夏のうだるような暑い日も、激しい雨が降っている日でも、商品を売るために歩き回る……。

たとえばドラマや映画で、そんな「外回り」の場面をよく見かけます。

しかし、実際にはそんなことありません……と言いたいところですが、これについては事実です。猛暑の夏でもスーツを着て、流れる汗をハンカチでぬぐいながらお客様を訪問する。冷房の効いた涼しいオフィスで商談をしても、外に出た瞬間にまた太陽に照りつけられて汗をかく。冬になれば、雪が降っている日でも、ぬかるみを歩いてお客様に会いに行く。こんなことは日常茶飯事です。

しかし、それを〝働きづめ〟と思うのかどうかは、やはりその人のとらえ方次第なのだと思います。

会社からずっと出ないで1日中室内に閉じこもっている仕事と、自分でスケジュールを組んで自由に外を歩き回れる仕事。

そのどちらがいいかというと、私は後者です。特に若くて体力のあるうちは、そういう仕事のほうが楽しいのではないかと思っています。

外回りが中心ということは、働きづめというよりも、逆に「自由」だとも言えます。そして、**実際に営業というのは、いろいろな意味で自由な仕事**なのです。

私の体験ですが、前職のリクルートという会社にいたときは、3カ月に一度、締め日の翌日になると、若手の営業の何人かで平日の昼間から新宿のボウリング場に集合し、「若い根っ子の会」と称して、半日、ボウリングや卓球を楽しんでいました。

寝不足で疲れているときなどは、私の場合は山手線で端の席をとって一周ぐっすり寝る、なんてこともありました。一周ちょうど1時間、電車の音と揺れは、眠るには最高です。

ここまで正直に書くことに多少抵抗はありますが、「きれいごとは書きません」とはじめに宣言しているので、あえて言うと、空いた時間にパチンコ屋さんに入って変に出過ぎてしまって、「すみません、今日はお客様との商談が長引いてしまったので、そのまま直帰します」なんて電話を入れたこともあります。いわゆる完全な「サボり」です。

そんなことをしたら怒られると思う人もいるかもしれませんが、管理職の人たちは、そのくらいのことはわかっています。立場的に「息抜きをしてもいいよ」とは言えませんが、営業の人間が外に出てびっちり仕事だけして、空いた時間はいつも喫茶店で資料をまとめたり勉強したりしているなんて思っていません。

管理職でも、大抵の人は自分自身もそんな経験をしてきています。「仕事中の息抜きなんてふざけるな!」と、もし本気で思っている管理職の人がいたら、それはかなり稀有《けう》な人だと思います。

誤解しないでほしいのですが、**営業が自由な仕事だというのは、サボって遊べる**

という意味ではなく、時間管理も、仕事の進め方も、自分で自由にできるということです。仕事は仕事として、目標を達成して結果を出す。それができるのであれば、時間の使い方は自分次第。

くれぐれも言っておきますが、仕事をサボって遊ぶことがいいとは言っていません。しかし、責任を持って目標を自己管理するという前提で、メリハリをつけることはありだと私は思います。

持たされる目標とスケジュール調整

営業の仕事では、多くの場合、月間目標を持たされます。

その目標を「今月は31日まであるからいくら」「今月は30日までだからいくら」と1日単位で決める会社はありません。なぜか必ず「1カ月」という単位です。

ということは、1カ月をすべて30日と考えれば、31日ある月には1日仕事をしなくてもいい日があることになります。

人間とは不思議なもので、多くの人が30日ある月は30日で目標を達成し、31日ある月は31日で目標を達成します。2月のように28日しかない月なら、28日で達成してしまう。ただ何となく1カ月を過ごしていたら、そのように流されてしまいます。

しかし、逆に考えれば、どんな人でも28日間で1カ月の目標を達成することは可能なわけです。すべてはその人の仕事の組み立て方次第です。

だから、入社したての頃は1カ月ではなく1週間ごとの目標を細かく立て、活動するほうがいいと思います。

私の場合は、毎週1日はのんびりできる日を用意しておく。基本的にはそんなスケジュールで仕事をしています。

疲れているときは、寝たり遊んだりして、気力や体力を回復させ、逆に仕事の効率を上げる。スケジュールにメリハリをつけて、よりよい結果を出せるように仕事に取り組むのです。時間の使い方は、自分の判断で決めていけばいい。

毎日100%の力を出すのではなく、1カ月の中で100%の力を出せるように、

自分である程度コントロールしていくのです。

ひたすら何かの仕分けを機械的にする仕事だったら、勤務時間内はずっと100％の力を出し続けなければなりません。内勤の仕事をしている人が、勤務時間中に同僚とどこか社外に連れ立って息抜きに出かけることも不可能でしょう。

休みの取り方にしても同様です。内勤の仕事は「気分が乗らないから、今日は帰ります」と言って会社を早退することは難しいと思いますが、営業の場合はそういうことさえできなくはないのです。

営業はとにかく〝働きづめ〟というイメージで語られがちですが、ほかの仕事と比べてみると、決してそうとも限らないことがわかってもらえると思います。

「プライベートな時間」までお客様と過ごす必要があるのか

また、「営業マン・ウーマンは休日でも接待やお付き合いが必要」というイメージを持っている人もいるようです。

たしかに、私も日曜日にお客様とゴルフに行くことがあります。でも、これも気持ち次第で、いいお付き合い、いい人間関係に変わります。場合によっては、仕事の枠を超えた付き合いまでできて、人との出会いが広がったり、学べる機会がたくさんあります。

これが営業マン・ウーマンの財産であり、仕事の面白さだと思います。どんな仕事でも人と付き合っていく以上、そういうお付き合いが生まれるチャンスはありますが、営業の場合は、その数が圧倒的に多い。

しかも、その **〝相手との親密度・距離感〟を自分で選べる**のです。

「この人とはもっと深くお付き合いしたいな」

「この人とは、あまり深い関係になりたくないなぁ」

「この人には、もっと踏み込んでみよう」と、比較的選べるのです。

相手にコントロールされることもあるかもしれませんが、自分でもコントロールできる。私は接待をしたり、飲みに行ったりすることはほとんどありません。でも、たまにお客様と一緒にゴルフには行きます。それは接待ではなく、私自身の楽しみでもあるからです。

ゴルフの場合、ずっとお客様の相手をしているわけではなく、自分の世界に入って、ゴルフ自体も楽しんでしまいます。

もちろん、ときには行きたくない気持ちのときでも飲みに行ったり、気の進まない中でゴルフに行くこともあります。しかしいざ行ってみると、意外と面白いことになったり、何年も経って仕事に役立つことになったりします。

貴重なのは、「仕事モードではないお客様」にふれることができる点です。

ゴルフで一緒にラウンドしていると、たとえばミスをしたときの悔しがり方などから「この人は寡黙《かもく》だけど、とても負けず嫌いなんだな」とか、スコアカードのつけ方から「この人は几帳面で分析をするのが好きなんだな」とか、ゴルフ談義の中のちょっとしたセリフから「この人はニコニコしているけど、本質的には厳しい人だな」など、いろいろな情報が入ってきます。

その情報はとても貴重なもので、仕事の場面でも、どのような仕事の進め方をすれば相手にストレスを与えずに済むのか、どのようなことに気をつけながら仕事をしていくと一目置いていただくことができるのか、などにつながっていきます。

その一方で、「仕事モードではない自分」を見られているということも忘れてはいけません。むしろ、そのほうが重要かもしれません。

それは、演技ではどうしようもできない「素の自分」が出てしまうものです。ゴルフなどのときでなく、普段の商談のときも、お客様が営業マン・ウーマンを気に入るかどうかは、意外とそんな仕事以外の情報から判断していることも多分にあると思います。

当然、面白いことが起こらず、得るものもあまり感じられずにその場が終わることだってあります。しかし、そのときは理解できなくても、後になってとても有意義なこともあるものです。「実はまだ自分の感性が低くて理解できなかったんだな」と、後になって気づくこともしばしばあります。

若いうちから、やりたいことだけをやれる仕事なんてありません。付き合いたいと思う人とだけ付き合える仕事もありません。逆にそんな仕事の仕方をしていたら、視野の狭い偏った人間になってしまいます。

どんな仕事も、どんな相手と付き合うことも無駄にはなりません。すべて成長のための「必要経費」だと考えればいいのです。

さまざまな価値観にふれることは、人を成長させてくれる要素のひとつだと思います。ふれて、考えて、自分の中に取り込んでいく。そうやって成長していくのです。

そして、仕事以外の「素の自分」を見てもらうことが、自分の武器と成長につながっていくのです。

「ドラマの中の営業マン」のイメージにだまされてはいけない

営業の「イメージ」と「現実」の話で、もうひとつあなたに知ってほしいことがあります。

ふんぞり返っているお客様に怒鳴られて叱咤《しった》されている営業マン。ぺこぺこ頭を下げて、ひきつった笑顔を浮かべている営業マン――。

ドラマや映画を見ていると、そんな場面もよく見かけます。営業の仕事を知らない人にとって、「営業のイメージ」はこんなところからもつくられていくのかもしれません。

でも、実際の現場とはかなり違います。ドラマや映画に登場する営業マン・ウーマンは、あくまでフィクション。面白おかしく誇張した姿だと断言できます。

私は25年以上、営業という仕事を続けてきて、若い人から企業の経営者まで何千人ものお客様に会ってきました。

その結果わかったことは、**本当に悪い人やイヤな人なんてめったにいない**ということです。

ほとんどの場合、みんな「いい人」です。

ときにはドラマや映画のように、お客様に理不尽なことを言われることもあるかもしれませんが、それは感覚的には1000回に1回ぐらいの確率でしょう。

営業に行ったら、お客様に灰皿を投げつけられた。その場で名刺や資料をゴミ箱に捨てられた。そんな極端な話は、1000回に1回だから〝ニュース〟になるんです。

それを耳にして不安になる気持ちは理解できますが、目の前で名刺をゴミ箱に捨てる人なんて、逆になかなか出会えません。それだけインパクトのある話だからこそ、世の中に広まるし、記憶に残るのです。

そんな理由で営業という職業に就くことを躊躇《ちゅうちょ》している人がいるのなら、わずか**0・1%以下の可能性におびえて悩んでいるようなもの**です。

だからといって、お客様がみんなニコニコしてこちらの話を聞いてくれるのかといったら、それも違います。飛び込み営業や電話営業をして、いきなり話を聞いてもらえることはなかなかありません。9割以上は断られてしまいます。

でも、そんなことは当たり前。営業の仕事では、珍しいことではありません。

それは相手が忙しかったり、その商品に興味がなかったり、それまでの業界や会社のイメージがあって冷たい態度を取られたりしただけのこと。相手が悪い人だから、イヤな人だから、というわけではないのです。

あなたがお客様の立場で、訪問販売や電話営業を受けたときを思い出してみましょう。「今は間に合っていますので」などと言って断ることが多いと思いますが、だからといって別にあなたが悪い人やイヤな人というわけではないはずです。

営業の現場では、お客様に冷たい態度を取られることもあります。

でも、それも**自分次第で変えられる**こともあるのです。

これはある営業ウーマンの実話なのですが、その女性は営業に行った先で「もう二度と来るな！」と怒鳴りつけられて、塩をまかれて追い出されたそうです。

1000回に1回の事態に当たってしまったのでしょう。

ところが、彼女は塩をまかれて追い出された会社に、翌日、あるものを持って再び訪れたそうです。

いったい、何を持っていったと思いますか？

それは、なんと、塩――。

彼女はわざわざ塩を買って持っていき、「こんな私のような者のために、塩を使わせてしまって、すみませんでした！」と、頭を下げたそうです。

すごい営業ウーマンです。この話を聞いて、私は思わず笑ってしまいました。普通はなかなか思いつけない発想だと思います。そして、それを実行に移せる人はほとんどいないのではないでしょうか。

のちに彼女は、その会社から契約をいただいたそうです。

きっと、その会社の人たちも「こんな面白い発想をする営業がうちにもほしい！」と感心したのではないでしょうか。

こんなふうに相手の態度を変えてしまえるのも、営業の醍醐味《だいごみ》。この女性のように、お客様を驚かせるような行動が、相手の気持ちを動かすことは決して珍しくはないのです。

私の場合でも、ある会社の社長をされていたお客様の勇退の日に、その方が社長に就任した40年近く前の年の記念切手を貼って手紙をお送りしたことがあります。

その頃の切手は5円や7円などで、封筒の表が切手で埋め尽くされてしまったのですが、記念切手はその年の出来事を思い出せるものばかりで、とても喜んでいただきました。

想像力を駆使して、相手の気持ちや状況を変えていく。営業というのは、そういう意味でもクリエイティブな仕事です。相手の目線で物事をとらえて、どんなことをしたら相手が喜んでくれるのかを真剣に考える。それは仕事の場面に関わらず、誰にだって必要な感覚だと思います。

もっとも、誤解のないように言っておくと、お客様に塩を持っていくような**大胆な行動は、新人がすぐできるものではありません。**そのためには営業の仕事を通して、経験を積み重ねていくことが必要です。その努力の大切さは、この後の章でもお話ししていきます。

でも、それができるようになってくると、仕事がどんどん楽しく、面白くなってきます。わずかな可能性の不安におびえたり、固定観念にとらわれず、自分自身の工夫で営業という仕事ならではの楽しさ、面白さを見つけていってください。

「自律性」が仕事の成否を決める

営業という仕事は、商品の金額を勝手に値引きすることはできないかもしれませんが、社内のルールさえ守っていれば、お客様とのやり取りの回数も時間の使い方も、自由なやり方が許される仕事です。すべて自分の裁量で決めていい。

このような仕事のやり方は、ほかの職業ではなかなか難しいと思います。

ただし、時間や場所に縛りつけられることがなく、自由にできるということは、逆に言うと、**自己管理能力が問われる仕事**でもあります。

お金、時間、健康――。営業マン・ウーマンは、この3つをコントロールしなくてはなりません。でも、そのどれもが社会人にとって必要なことなのです。

そういう意味では、営業は自分をコントロールする力、つまり「自律性」を身につけられる仕事とも言えるでしょう。

先ほど、息抜きすることも自らの判断でできると書きましたが、当然、結果を残すことが前提です。ただ易きに流れていては、結果は残せません。

しかし、だからといって結果を残すために体を壊すほど無理をしても、その後の仕事に響きます。そのラインを見極めながら仕事をしていく必要があります。

自分で組み立てられる自由さがあり、その反面、自己管理が必要不可欠。

言ってみれば、**営業は「経営者」の感覚に近い仕事**なのです。独立して起業する人に営業出身者が多いのは、普段から経営者的な感覚で仕事をしていることが多いからではないでしょうか。

営業で身につく力

「営業力」とひと言で言いますが、どんな力なのでしょうか？

それは第一に、**顧客ニーズを把握する力。**

それには聞く力が必要です。相手の話しやすい空気をつくり出したり、質問をしていくときの組み立てなど、会話の瞬間瞬間で頭をフル回転させながら進めていく必要があります。難しく聞こえるかもしれませんが、これは好きな人の相談に真剣に乗っているときと似ています。

要は、相手に興味を持って真剣に役に立とうと思えるかどうかが大切だということです。こうして顧客のニーズを摑むことができる人は、必然的に魅力的な営業として映るものです。

顧客ニーズを摑むことができたら、第二に、**自分の考えや解決策を提示するというプレゼンテーション力**が必要になります。

今度は話す力が必要です。話す力というのは、いうなれば相手にどれだけ理解しやすく要点を伝えることができるかということになります。それは例え話の発想力や話の構成、ときには声のトーンなどにも及びます。

間違えられやすいのですが、専門用語や言葉をどれだけ知っているかではありません。ときにそれは説得力を増すこともありますが、多くの場合、話をわかりづらくしてしまいがちです。相手の理解力をとらえ、あえて専門用語などを使わずにどれだけわかりやすく伝えるかという能力が求められます。

この聞く力と話す力の両方が揃って、初めて「営業力」と言うのです。逆に言うと、聞く力と話す力の両方を養うことができるのが、営業という仕事なのです。

そしてそれは、人が人と関わって生きていく上で、一生涯常に必要な能力であることは言うまでもありません。

多くの人と直接ふれ合うことで顧客ニーズを肌で感じながら、経営者的なセンスも磨かれていくのです。

実際に経営者になるかどうかは別にしても、**ビジネスマンとして今後生きていくために必要な力がこれほど身につく職業が、ほかにあるでしょうか？**

自分の裁量で、これだけいろいろなことを決定できる仕事があるでしょうか？

だから私は、営業という仕事ほど、自由でクリエイティブな職業はないと思っているのです。

3

営業の「向き・不向き」について

不向きの人を採用・配属する会社などない

「私には特別な才能もなくて目立つところもないから、営業に配属されたんだろうな……」

この本を読んでくださっている若い営業マン・ウーマンや、営業職に内定をもらった学生の中には、そんなふうに考えている人もいるかもしれません。でも、それは絶対に違います。

そもそも、会社はそんな〝役に立たない人〟を採用しません。

営業というのは、会社にとってものすごく大事な部署です。なぜかというと、売り上げを上げてくるからです。当たり前のことですが、売り上げがなければ、会社は経営していけません。

そして何より、どんなにいい商品があっても、お客様が買ってくれなければ意味がありません。お客様の一番そばにいる営業マン・ウーマンがどれだけ重要かは、言うまでもないでしょう。

営業マン・ウーマンは、いわば会社の顔です。

そんな大事な部署に、適性のない人を置くなんてことは絶対にあり得ないのです。

もしあなたが就活生の立場だったら、自分が会社からていねいに扱われていると
いう自覚がないのかもしれません。大きな会社なら、何十人も採用された営業職の
ひとりにすぎないのだから、履歴書もさっと見られる程度なんだろうな、と思って
いるかもしれません。

でも、決してそんなことはないのです。

私の前職のリクルートでは、当時の社長が新卒の面接を自ら行なっていました。
どれほど忙しくても、必ずすべての入社候補者に会っていました。

「会社は人がすべて」

それが社長の考えだったからです。会社にとって、社員は財産。会社は人で変わ
る。だからこそ、入社してからも社員を大事にしていました。

働く側というのは、どうしても会社に合わなかったら、辞めてほかの会社に行く

こともできます。

でも、**会社側は一人ひとり、社運を賭けて採用しています。**そして、その人を最も活かせる部署に配属しているのです。

もしもあなたが「何の取り柄もないから営業に回された」と思っているのだったら、大間違いです。自分を過小評価していますし、営業という仕事を誤解しています。

会社に採用されて、営業に配属されたということは、営業の適性があると判断されたからです。本人には自覚がなくても、その才能があると見抜いているのです。

人事のプロが見ている「適性」がある

私がリクルートにいた頃に、体育会の野球部だった同期の人間が制作部に配属されました。制作部というのは、求人広告をつくる部署です。

広告のコピーやレイアウトを考えたりするわけですから、私のイメージでは、どちらかといえば文化系の人間のほうが向いている部署だと思っていました。

「えっ、お前が制作？　何かの間違いじゃないか。ちゃんと聞いてみたほうがいいんじゃないの？」

驚いた私は、同期の彼にそう言いました。体ものすごくゴツかったし、体育会出身ということや、その立派な体格から、どう考えても内勤で広告をつくったりするのが向いているタイプに思えなかったのです。

「なんでお前が制作なんだろうな。会社、辞めたりするなよ」

そんなことまで言っていたのですが、彼はその部署であっという間に頭角を現わして、社内の賞などを何度も受賞するようになりました。

「あいつ、制作に向いていたんだなぁ……」

と、本当に感心しました。

私には全然わからなかったのですが、面接をした人や採用を決めた人たちは、彼の中にある〝何か〟を感じていたのでしょう。すぐにその部署の仕事に適応して、どんどん力を発揮したのです。

営業＝体育会系の人間、制作等の内勤の仕事＝文化系の人間。一般的にそんなイメージを持っている人は多いかもしれませんが、実際にはそんなことはありません。

営業という部署には、本当にさまざまな人間がいます。**体育会系の人間ならではのよさ、文化系の人間ならではのよさがそれぞれにありますから、その特性を活かした営業をすればいい**のです。

会社がひとりの社員を採用するためには、たくさんのお金がかかっています。

採用自体にもお金がかかっているし、人件費も発生している。それ以外にも多くの経費を支払わなければなりません。

会社というのは、お金に対して徹底的にシビアです。そんなにお金がかかってい る人材を、適性のない部署に振り分けるわけがないのです。

採用担当の人は、採用をすることで給与をもらっています。いわば採用のプロなのです。そのプロが見抜いた適性を信じてみてください。

私がそうだったように、素人が考える適性や向き不向きなんて、あてにならないものです。あなたにも、自分でも気がついてない適性や能力があるはずです。**配属された時点で、その適性がある。**あなたに向いているから、営業に配属された。会社は社運を賭けて、お客様と一番近いポジションにあなたを置くことを決めたのです。

「石の上にも3年」と言われる理由

就職活動をするときに、昔は新聞の求人広告や就職情報誌などのペーパーメディアだけだったのが、今はネットで100社でも200社でも見て選ぶことができるようになっています。

でも、それだけ多くの情報を精査して選んだからといって、本当に今の会社が100%自分に適したところかどうかは、当然ですが働いてみないとわかりません。

なぜなら、学生は「働く」という経験をしたことがないからです。

どんな会社に入っても、最初から自分に100%合っていると思えることはほとんどないでしょう。「失敗した!」と後悔することもあると思います。

だからといって、すぐに辞めようなんて思わないでください。早まった結論を出してしまうのは、人生の大損になるかもしれません。

「石の上にも3年」とは、よく言ったものです。

時代は変わっても、人間の体の成長は変わりません。どんなに多くの情報があふれていても、またあなたがどれほど優れた人間で、勉強ができるとしても、ある程度の時間の経過がないと経験できないことや、ある程度の年齢にならないとわからないことがあります。

私は**「石の上にも3年」が、何でもスピード化された今の時代だからといって「石の上にも1年」にはなっていない**と思います。

今は情報量が多く、その流れも早いので、今の仕事が自分に合うとか合わないとか、ドンドン前倒しですぐに答えを出してしまいがちです。

でも、昔の人が言うように、3年くらいはガマンして「この仕事は合わない」と思いながらも続けていくと、気づくことがあるのではないかと思います。

私の場合も、そんな経験があります。

前職の入社3年目に、かなり癖のあるお客様を担当することになりました。そのお客様は所属する事業部でも大切なお客様と位置づけられていました。

それまで私がある程度の営業成績を収めてきたことで担当することになったのですが、何せ重要なお客様ですから、私は先輩や上司の言うことを守りながら、言われた通りのことを遂行する営業マンでした。

しかし、そのお客様はそんな私をなかなか評価してくださいませんでした。何かあるとすぐに前任の担当者に連絡を入れて、私を相手にしてくれないことが多くの場面でありました。会社も私だけでは心配だったのか、前任の担当者を絡めながらの仕事が続きました。お客様が話をする際に現担当の私ではなく、前任の担当者を見ながら話をするのです。これは屈辱的なことです。

しかし、私なりにそのお客様の問題点や解決策は考えとして持っていましたし、その考えに自信もありました。

そんなあるとき、年に一度の大きなプレゼンテーションの機会がありました。それに向け、会社で前任者と打ち合わせをしていると、喧嘩《けんか》になってしまったのです。

「担当者は僕です。僕の考えている内容でプレゼンさせてください」

と、私は前任者に向かって啖呵《たんか》を切りました。リクルートという会社は、自分の考えで動くことを尊重してくれる文化のある会社でした。ただし、その一方で責任もあります。

当日、私はすべての内容について、自分の思った通りに情熱を込めてプレゼンしました。

すると最後にお客様から、

「もう（前任者とは）一緒に来なくていいぞ。これからは川田君に相談するから」

というお言葉をいただきました。

そうです。お客様は教えてくださったのです。

「お前の本気を待っていたよ。そうでないと、大切な自分の会社を任せることはできないから」というメッセージを出してくださったのです。

そのときに私は学びました。担当者というのは、お客様との信頼関係の上に絶対的な自信を持ち、責任を持って提案をしていくものだということを。そして、それが仕事というものなのです。それが仕事の面白さなのです。

営業という仕事に就いて、3年目が終わろうとしていた頃の話です。


もしあなたが、ある程度のガマンを続けても、「この仕事はどうしても無理」と思うのなら、そのときには身の振り方を考えればいいのです。

「石の上にも3年」です。**人間の成長には時間が必要です。**仕事に就いた以上、3年間は頑張ってみましょう。

そうしないと、仕事の向き・不向きの正しい判断もできませんし、営業という仕事の面白さにも気づけずに終わってしまいます。

なぜ「一度は営業の仕事を経験しておくといい」のか

営業の仕事に就く人に言うと元も子もないかもしれませんが、営業の成績が上がらなくても、ビジネスマン失格の烙印《らくいん》を押されるわけではないのです。そこを誤解せず、思い詰めないでもらいたいのです。

人生は長いです。リセットだって何度でもできます。

私の息子は、中学2年生のときに日本の学校を辞めて、今はニュージーランドに留学しています。

親の立場としては「せっかく受験して入った学校を途中で辞めてしまったのは、もったいない」と最初は思ったのですが、よく考えてみたら「長い人生で考えたら、大したことではないのかもしれない」と思うようになりました。年数が経てば、息子にとってそれも必要だったのだと認識が変わっていくだろうと。

いや、本人にとっては、もう変わっているのかもしれません。それでも今後、

「辞めないほうがよかったかも……」「辞めてよかったのかも……」という気持ちを繰り返していくのかもしれません。

そんなふうに迷うことも含めて、すべては彼にとって必要な経験だったのだと気づいていくのだと思います。

仕事にも、同じことが言えます。

すべての人が営業で成功するわけではありませんが、それを必要以上に恐れることもありません。どうしても合わなかったら、別の道を歩めばいいのです。

でも、まずはできれば3年間、とことんやってみる。期限を区切って何かをするのは、物事を判断するのに有効な方法です。

営業の仕事を経験することは、あなたの人生において決して無駄にはなりません。

私は、**どんな人も一度は営業の仕事をするべき**だと思っています。

どんな仕事でも、お客様に支持されるものを提供することは共通していますが、お客様に直にふれてみなければ、何を提供すればいいのかもわかりません。

でも、営業の仕事では、お客様の声を直に聞けます。マーケティングのデータではわからないことが、営業の現場では実際に面と向かってくわしい話が聞けるのです。これはビジネスマンにとって、すごく貴重なことです。

これから先、世の中が変わっていけば、なくなっていく職業もあるでしょう。でも、そこに人がいる限り、何かを売る仕事がなくなることはあり得ません。

人によって営業職の向き不向きはあるかもしれませんが、**お客様のニーズを感じ取る力や、そのためのコミュニケーション能力といった営業的なスキルやものの考え方は、社会人にとって誰もが必ず必要なもの**だと思います。

私の場合だと、たとえ生命保険というものが世の中からなくなっても、別のものを売ることができます。何を売るにせよ、必要なスキルも心構えも同じです。

もっと大きく言ってしまえば、家族や恋人、友人といった人間関係全般において大事なものが身につく仕事だと思います。営業は、何事も相手目線で考えるのが基本。相手の気持ちになって物事を考えることは、どんな人間関係でも大事です。

最近注目されている日本人の「おもてなし」の精神などは、まさに営業の基本である相手目線の考え方そのものと言えるでしょう。

そう考えると、**営業という職業は究極の「手に職」**なのです。

営業の仕事をずっと続けていくにせよ、いずれは職が変わるにせよ、営業経験があなたの人生で無駄になることは絶対にありません。


私はただの生命保険の営業マンなのに、さまざまな相談を受けます。

あるときは不動産会社のお客様との商談の進め方について。

あるときは飲食店の接客について。

また、あるときは歯科医院の評判をどのように口コミで広げていくか。

さらには、あるときはメガバンクの新人営業教育の依頼など……。

このくらいならまだ営業の延長線上ですが、中には、企業における従業員のモチベーションをアップさせるための施策や、記念式典で従業員の家族に喜んでもらうためのプログラムの相談など、本当に多岐にわたって相談を受けます。

一見営業とは関係ないように見えて、相手目線で物事を考えるという意味ではすべてに共通点があり、話せることが意外な切り口から生まれてきます。

営業という仕事は、それだけ相手に直接ふれる「強み」がある職業だと言えるのではないでしょうか。

できれば最初の3年間は頑張ってみて、ダメだったらそのとき考えればいい。どんな結果になっても、その期間で得られる経験は必ず価値の高い、将来に活きるものになるはずです。

営業に向いている人・向いていない人

誰にでも必ず役に立つ営業の仕事ではありますが、営業をやる以上は大事なポイントがあります。それは、次の3点です。

①「素直」かどうか

素直な人とは、先輩の教えやお客様からの言葉・助言を素直に聞き入れ、実行することができる人のことを指します。先輩の言うことを、まずはやってみる。そういう素直さが必要です。

必ずしも先輩が最も正しい答えや、やり方を知っているかといえば、違うこともあります。しかし、まず言われたことをやってみてから違うやり方や工夫をしていくほうがいいでしょう。経験も実績もないのに人のアドバイスを素直に聞き入れることができない人は、営業の仕事のスタートでつまずく可能性が高いと思います。

②「聞くこと」ができるか

これは124ページでもくわしくお話ししますが、営業は「いかに聞けるか」です。人の話を聞くことが苦手な人は、どんなに話し上手な人でも営業には向かないと思います。

相手の話を聞き、深掘りすることができれば、必ず営業で成功します。話し上手であることはこの次です。営業の仕事は「聞くが8割、話すが2割」です。

③「共感力」があるか

共感力とは、相手の言ったことに素直に共感できるかどうかという意味です。面白い話には笑うことができて、驚くような話には一緒に驚くことができ、悲しい話には悲しむことができる。お客様の話を他人事として聞くのではなく、自分のことのように共感して話を聞ける人は、どんな人にも気に入られます。

逆に、共感しながら話を聞けない人は気に入ってもらえません。心理学的にも相手にうなずかれながら話をすると、自分を尊重されていると感じるそうです。うなずきながら聞くことは形のように見えますが、共感力の表現のひとつなのでしょう。

この共感力は、先の①と②がバランスよく存在して初めて持てる力です。

この3点ができている人は、人として魅力的な人とも言えるのではないでしょうか。つまり営業とは、人間的に魅力的でないと難しい仕事なのかもしれません。

言い換えれば、社会人として必要な人間力が磨かれていくのが、営業という仕事なのです。

4

営業の仕事に就く前に知っておくこと

しなくていい勉強とは

最近、就活生向けのセミナーや講習などに呼んでいただく機会が増えました。大学で授業をさせていただいたこともあります。今の学生の皆さんは、とても熱心で驚いてしまいます。

私の話を聞くだけなのに、きちんとリクルートスーツを着て、自分の名刺まで持っている。私の時代には考えられないことでした。業界・企業研究にもすごく力を入れていて、就職活動に対して、意識の高い学生がとても多い気がします。

でも、そんな熱心な学生にほど、伝えたいことがあります。

今のうちから**どんな競合相手がいるか調べておくとか、業界のことについて基礎知識を身につけておくといった勉強は必要ない**と思います。

「えっ、なんで？」と思われるかもしれません。

なぜなら、それらは会社に入ってから、やればいいことだからです。

もちろん、私が就職活動した80年代とは時代が違うでしょう。今の就活では、業界や企業の研究は就活の基本だと教わっているのかもしれません。

でも、社会人になって25年以上働いている私の実感として、それは不必要だと思います。少なくとも営業職を志望する人には、業界・企業研究に力を入れる必要はありません。

たとえば、あなたの先輩で、入社して2～3年目の社会人に質問をしたら、「入社する前から業界について勉強しておくと最初のスタートが違うよ」と言われるかもしれません。つい、そうなのかと納得してしまいそうですが、それはたとえば階段を3段くらいしか上がってない人が、「人より先に1段くらい上がっておくと違うぜ」と言っているようなレベルのもの。

実際には、営業の仕事はもっと奥が深いです。どんな仕事もそうだと思いますが、階段にたとえるなら100段くらいあるわけです。

入社時にその1段目を先に上がっているかどうかというのは、実際の仕事にはあまり関係ありません。入社してまだ2～3年目の人は、その1段の違いも大きく感じるかもしれませんが、**長い目で考えると0段も1段目も大した違いはない**というのが私の感覚です。

むしろやっておくべきなのは、そんな階段を前もって1段上がっておくことより、学生時代でなければできないことだと思います。

社会人になったら、1カ月の夏休みなど、そんな長い休みはありません。翌朝に起きられなくなるくらい、とことんお酒を飲み交わすことも難しくなります。

バックパッカーみたいに、どこかに旅に行くのも、社会人になったら難しいかもしれません。

自分が大好きなことを徹底的にやって、悔いの残らないような学生時代を過ごす。私は小手先の業界・企業研究よりも、そういうことをしておくほうがずっと大事だと思います。

そして、実際に企業の人事担当者も、**キラキラした目で、「私は学生時代をこんなふうに過ごしました!」と魅力的に話せる人物を探している**はずです。

自分の適性を一所懸命に研究している話をよく聞きますが、社会人の経験もないのにどこまで正確な判断ができるのか、私は疑問に思います。「やりたいこと」は大事かもしれませんが、それさえ正しい判断なのか疑問に思ってしまいます。**経験もない、わからない世界に対して一所懸命答えを出そうとするよりも、今まで経験してきた確かな足跡を自分の言葉でしっかりと伝えられるようにしたほうがいい**のではないかと思うのです。

もしその足跡がはっきりと描けないのなら、きちんとした足跡を残すことから始めるべきです。

学生時代にやっておくべきこと

私は体育会でサッカーをやっていたので、大学時代はサッカー三昧の日々でした。人生で一番つらかったと思うくらい練習が厳しくて、そういう意味では悔いのない学生時代にならざるを得なかった、という感じです。

でも、卒業後の春休みのある夜のこと。

友人たちと話をしていたら、急に「温泉に行きたい」という話になりました。誰かが何となく言い出したのだと思いますが、夜10時頃、みんなで車に乗って本当に箱根の温泉まで行きました。そこでバカ騒ぎしたことは、今でも忘れられません。

今思えば、宿の人にすごく迷惑をかけたと思いますが、そのときに全員で一緒にお風呂に入って、全員裸で後ろを向いて写真を撮ったんです。ポーズを決めて。

当然それは、4年間家族よりも長く一緒に過ごした仲間とだからこそ価値があるのです。それはたった一瞬の写真ですが、4年間という時間と、泣き笑いを共にした深い付き合いがあって初めて撮れた写真なのです。

その写真は、今でもずっと大切に取ってあります。そういうバカなことも、社会人になってしまうとなかなかできません。

学生時代には、そんな**学生時代にしかできないことをいっぱいやってほしい**と思います。

それだけ聞くとお説教のようですが、まさにそんな経験が、どんな仕事をしていくか決める際の、あなたの価値観をつくってくれるのです。

私は本当に楽しい学生時代を送りました。小学校から大学までずっとそうだったので、就職活動を始めるときに、自分が楽しく過ごせた理由は何なんだろうと考えてみました。

そのときに改めて気づいたのが、仲間や友達の存在でした。サッカーの練習は厳しかったけど、仲間と一緒にひとつの目標を追いかけるのは楽しかった。

それで思ったんです。

「どんな仕事をするにせよ、そんな仲間と楽しく仕事をしたい」

就職先を選ぶときも、どんな仕事が面白いとか、面白くないとか、向いているかなんてわからない。どうせわからないんだったら、今までの自分の価値観である「一緒にいて楽しい人」ということをメインに置こうと。

私が就職活動をしているときは、ちょうどバブルの時期だったので、商社や銀行など、当時の一流企業からも内定をもらえました。

それでも、私がリクルートという会社を選んだ理由は「人」です。面接のときの採用担当の方や会社訪問で出会った人たちが、みんな魅力的で「この人たちと一緒に働きたい！」と思ったからなのです。

今振り返ってみても、リクルートに入って本当によかったと思います。営業という仕事にも出会えて、その面白さを学ぶこともできました。

そもそも、営業という仕事をやりたいと思ったのも、仲間や友達という「人」が好きだったからです。

人の話を聞くことが好きでしたし、友達から教わることも多いなぁと思っていたので、もっといろいろな人に出会って、いろいろな話を聞いてみたい。営業という仕事なら、たくさんの人に出会えるだろう、と。

そんな価値観も、学生時代に素晴らしい仲間とやりたいことをやって楽しく過ごしていたからこそ、気づけたものだと思います。

もしも、学生時代にサッカーをやっていなかったり、友人との関係を疎《おろそ》かにしていたら、今の私はなかったと思います。営業の仕事にも就いていなかったのかもしれません。

学生時代の過ごし方は、職業選択にも、会社の選び方にも大きな影響を与えます。

もしあなたが学生であるなら、「今」というときを中途半端にせず、思いっきり楽しんでください。

そのほうが将来、本当に自分に適した、素晴らしい仕事に巡り会えると思います。

「不景気なときに入社できて、おめでとうございます!」

学生の就活への意識が高いのは、不景気で就職難という時代を反映してのことなのでしょう。ビジネス誌などには、学生にとって今の就職活動がどれだけ〝逆境〟かを書き立てる記事も多いようです。

何年か前、ある企業での講演で、私は参加者の皆さんにこんな質問をしました。

「今、景気はどうですか?」

「不景気です」

「不景気です」

「不景気です」

皆さん、口を揃えてそう言います。

「そうですか。今年入った新人の方、手を挙げてください」

新人の方々が手を挙げると、私は言いました。

「おめでとうございます！」

不景気だと言っているのに、なぜなんだろう。皆さん、不思議そうな顔をしています。私はこう続けました。

「どうしてかと言いますと、**厳しい環境のときに社会人の1年目を迎えることは、ものすごくいいこと**なんです」

そう言って、私は自分のリクルート時代の話をしました。

私が入社したときはバブルの全盛期でしたが、当時、リクルート事件の真っ只中で、不況とは別の、もっと激しい逆風が吹き荒れる厳しい環境でした。

入社してすぐに訪れた営業先で、お客様から灰の入った灰皿を投げつけられるという経験をしました。

ドアを締められそうになったので、締められないように足を挟んで、

「5分だけで結構ですから、お話を聞いてください！」

と叫んだこともあります。

そういう状況では、会社や商品というものが武器になりません。

では何が武器になるかというと、「自分」だけです。

でも「自分」を売り込むといっても、入社したばかりで、私は何の経験もないド新人。売り込むためのテクニックなど、持ち合わせていませんでした。

ある日私は、門前払いされた社長に会うために、雪の降る中、何時間も立ったまま待っていたことがあります。

その日は結局、社長に会えませんでしたが、受付の人が私の姿を見てくれていて、「リクルートの人が昨日、雪の中でずっと立っていました」と伝えてくれたそうで、

次の日に社長から電話がかかってきたのです。

「お前、風邪ひかないで、会社に出ているんだな。……一回来てみろ」

経験豊富な会社の先輩でも会ってくれなかった社長が「一回来てみろ」と言ってくれた。そして、そのお客様とリクルートの取引が初めて成立しました。あのときの感激は、今でも忘れられません。

そんなさまざまな経験を重ねながら、私は営業にとって大事なのは「商品」ではなく、「人」なんだ、と思うようになりました。

そして、仕事に取り組む上で大切なのはテクニックなどではなく、熱意や行動なんだと感じるようになりました。**逆境だったからこそ、多くのことを学べた**のです。


私は、人が社会人として伸びるかどうかには、3つの要素が大事だと思います。

1つ目は、どういう親に育てられたか。

2つ目は、どういう友達と学生時代を過ごしてきたか。

そして、3つ目は、社会人としてどういう初期教育を受けたか。

今の私があるのは、最初の2つはもちろんですが、3つ目が特に大きいと思います。**社会人になってからの1年目、2年目にどういう教育を受けたか、どういう環境で仕事をしたかによって、その人の将来は大きく変わります。**

では、どんな環境がいいのかというと、景気がいいときと悪いときがあるのなら、絶対に景気が悪いときです。

なぜなら、順風なときというのは、何も考えなくても商品やサービスが売れます。その人自身に個人の魅力がなくても、新人本来の武器である「情熱」がなくても、商品が売れたり、契約にたどりつけたりしてしまうのです。

すると、どうなるのか。仕事において最も大事なことを学べずに、そのまま育ってしまいます。そうなると危険です。いずれ逆風が吹いたときに対応できません。

でも、最初に逆風が吹いていれば、そこで多くのことを学べますし、よく考えることで大事なことに気がつくことができます。

だから私は、

「不景気のときに入社できて、おめでとうございます！」

と言ったのです。

たとえ不況下でも、働く前からそれを悲観しすぎるのは賢明ではありません。厳しい環境こそ、あなたにとって大きく成長できる追い風です。決して逆風なんかではありません。

これから入社する人たち、そして新人として頑張っている人たちには、豊かな経験を積む絶好のチャンスが広がっているんだ、とお伝えしたいのです。


実は、雪の中を待ってお会いしていただいたお客様とは後日談があります。

私はリクルートを離れて、もう15年以上経ちますが、その方とは年賀状程度でのやり取りを続けていました。しかし、あるとき直接電話をいただきました。

「出版祝いをしてあげたいから、一度時間をとってもらえるか」というのです。

私は喜んで時間をとりました。食事をご馳走になり、昔話に盛り上がりました。

その方の前では、私はいつまでも新人です。

そして、最後にこう言われました。

「お願いがあるんだけど、私の会社で営業マン向けに勉強会をしてもらえないだろうか」

20年以上前に武器も経験もなかった若造が、時を経て、大切な社員に対して講師をしてくれと頼まれたのです。営業という仕事をしてきてよかったと思える瞬間のひとつでした。営業という仕事は、このように人と人とが出会うことができ、人と人との縁を育てていくことができる職業なのです。

「人とうまくやれる人」の特徴

就職活動中の学生から、こんな質問を受けたこともあります。

「会社の人とうまくやっていく自信がないとき、どのように考え、行動するといいでしょうか?」

会社という場所がどういうところか知らない学生にとって、たしかに切実なことなのかもしれません。若い人が会社を辞める理由として、「社内の人間関係」が多いとも聞きます。

私は、世の中には本当に悪い人やイヤな人なんてめったにいないと思っていますが、中には気の合わない人も当然いるでしょう。会社には、イヤミな人もいるかもしれないし、自分と180度違う価値観を持っている人間だっているかもしれません。

でも、人ってそういうものだと思います。多くの人たちと出会って、いろいろな話をしてきて、私はそう感じます。

たとえば何かミスをしたときに、すごく厳しく責めたてる人がいます。

私の価値観では、

「そこまで言うほどか?」

と思ったりもするのですが、でも、「ほど」の程度は人によって差があるのだろうし、言っていることが間違ってなければ、それはそうだなと納得します。

「なるほど。このくらいのことでも、ここまで怒りを表現する人もいる。世の中には、いろいろな人がいるんだな」という納得の仕方です。

私の場合、自分の価値観とは合わない人の意見でも、その人の言うことの本質を考えて、得られるものは得るという感じでしょうか。

そういう意味では、私はいつも人と微妙に距離を保っているのかもしれません。

あまりにもベッタリした人間関係になると、その人の考え方や意見に寄り添ってしまうから、必要以上に「私と一緒だ！」と思ったり、「違う！」と反発したりと、イエス・ノーがはっきり出てしまう。

そうではなく、**「ここの部分はたしかにそうだな」と思うものだけを汲み入れる。社内に限ったことではなく、それが人とうまくやっていくコツ**だと思います。

でも、繰り返しになりますが、基本的には、社会に出ても本当に悪い人やイヤな人なんてめったに出会いません。それは、社内の人間関係にも言えることです。

そもそも会社というのは、人を採用する時点で、ある程度ふるいにかけています。

会社や経営者には、「理念」があるはずです。それを世の中には商品という形で、働く人には雇用や待遇という形で表わしている。その理念に共鳴した人が、顧客となったり、社員になったりして、磁石のように吸い寄せられていくのです。

ということは、同じ磁石に吸い寄せられて集まった人間同士は、基本的にはどこか似た者同士になります。

「理念を持つこと」の大切さ

会社の「理念」は、営業の仕事をする上でも、すごく大切なものです。

なぜかというと、お客様が見ているのは、実は商品だけではないからです。**その会社の企業理念、営業マン・ウーマンの仕事に対する理念、価値観や人生観に1本の筋のようなものが通っていて、お客様はそれに共感すると、商品を購入してくださいます。**

同じ商品でも、人によって実績の差が生まれるのは、そこにも理由があると思います。営業マン・ウーマンの話や姿勢から、理念や価値観を、お客様は無意識に感じ取っているのです。

また、自分が「いいな」と思える商品でなければ、本気でお客様に勧めることはできません。営業の仕事をするのなら、自分の理念に合った商品やサービスを提供している会社を選ぶことは大事だと思います。

私がプルデンシャル生命の企業理念を感じた、ひとつのエピソードがあります。それは私が入社する少し前の話です。

当時、坂口というカリスマ創業者が社長で、みな彼のオーラに吸い寄せられるように転職をしてきていました。

その頃は「プルデンシャル生命ってご存じですか?」と聞くと100人に2人くらいが「聞いたことがある」というほどの知名度でした。現場からは「知名度が低いと営業が進まない」とか、「コマーシャルを打ってくれないか」という意見が多く出ました。

そのときに坂口はこう言ったのです。

「コマーシャルを打つくらいの財力はある。しかし、そのお金は誰が負担するんだ？　それは会社が負担しているんじゃない。お客様が負担しているんだ。君たちはそんな業界を変革しようと集まってくれたんじゃないのか？」

本当にぶれない経営者でした。そしてこうも言ったのです。

「私は10年や15年で、日本でナンバー1の会社を創ろうとは思っていません。10年、15年で築いたものは、10年、15年で崩れるものです。

私は、100年後のナンバー1の会社を創りたいと思っています。そのために必要なことは、たったひとつだけです。

それは、お客様に支持され続けることです。

みんなはお客様に支持され続けることだけを考えて、仕事をしてください」

それが、彼の言葉で私が一番大切にしているものです。

よく考えてみてください。100年後ということは、彼にはそれを見ることができないのです。それでも次の社会をよりよいものにしたいという彼のぶれない理念に、私も含めた多くの人が、今でも吸い寄せられているのです。

坂口はその言葉を残した5年後に、58歳にして亡くなってしまいましたが、私の中にはこの**「お客様に支持され続けることだけを考えてください」**という言葉がいつもあります。

その上で私には、仕事をするときに大事にしている2つの理念があります。

それは昨日今日できたものではなく、学生時代に友人から学んだもの、リクルートで学んだもの、プルデンシャル生命で学んだもの、そして両親から学んだもの、今までの私のまわりのすべての人から教えていただいたものです。

それは何かというと、ひとつは**お客様を敬うという考え方。**

お客様は数ある選択肢の中で、私からものを買ってくださっています。時間をとって話を聞いていただけるだけでもありがたいことなのに、さらに私から買うと決断をしていただいているのです。

そのおかげで私は家族を養うことができています。私の生活はお客様に支えられているのです。だから、常にお客様を敬った行動や言動は、当たり前のことだと思っています。

お客様の前ではないからといって、ときにお客様のことを「客」と呼んだり、悪口を言う人がいますが、私は絶対にしません。

もうひとつは、**お客様と「ご縁」を育てていくという考え方。**

私にとって人生の宝であり、最も価値のあるものは、人と人との「ご縁」です。1日24時間365日、人生はたかだか80年ぐらいしかありません。その中で出会える人の数には限界があり、意外と少ないものです。そんな限られた中で出会えたということは、奇跡か運命のどちらかだと思うのです。

さらに、いろいろな方とお話ししていくと、さまざまな価値観や人生を味わうことができます。

たとえお客様になっていただけなくても、その出会いから何かを学ぶことができたり、また相手にとって私との縁が何かしらのプラスになれば、それはとても幸せなことです。

それが毎日できることが、営業の仕事の醍醐味だと思っています。

私は、リクルートでもプルデンシャルでも、同じ理念を持つ人たちと出会えました。

あなたにとっての「理念」とは何か、ぜひ一度、真剣に考えてみてください。

そして、同じように理念に共鳴して出会うことのできた仲間やお客様を大切にしてください。

5

「新人だからできること」がこれだけある

新人が唯一持っている「武器」とは

入社1年目の「新人」は、当たり前ですが会社や仕事のことをまったく知らない、ゼロの状態で入社してきます。上司や先輩のサポート・アドバイスがないと何もできませんし、与えられた仕事をうまくこなせないことも当然多いはずです。

でも、そんな新人でも、武器にできるものは必ずあります。

それはズバリ「情熱」です。逆に言えば、それ以外は何もありません。

どれほど入社前に業界の知識を学んでも、実際の社会のことなんてわかるわけがありません。他人よりは多少優れた武器を持っていても、社会の荒波にもまれた先輩たちに太刀打《たちう》ちできるような武器を持てるはずがないのです。

だからこそ、「情熱」が大事です。気持ちが醒《さ》めていたら、何ひとつできません。

これは、ただの精神論ではありません。あなたがこれから何十年間も働いていく上で大切な、将来を含めてのアドバイスです。

経験を積み、仕事に慣れてくると、若い頃のような純粋な情熱は持ちにくくなっていきます。

でも、**何歳になっても根底の部分には情熱が必要です。だからこそ、新人のときには情熱だけで突っ走る経験をしておくことが大事**なのです。

私も新人のときは情熱だけで突っ走っていました。その経験があるから、今でも、いつでも、どんな新人にも負けない当時の情熱を呼び戻して、ご披露する自信があります。

「今でも、仕事に対する情熱はあなたたちには負けない」

実際に会社の新人たちにもそう言っています。それに負けないくらい、新人には情熱を持ってほしいと言いたいのです。

経験もテクニックも身につけた今の私は、新人の頃のように毎日、1日中、情熱だけで突っ走ることはできません。

それでも実績を上げられるのは、新人時代にがむしゃらに働いたことで「仕事には何が大切なのか？」を学んできたからだと思っています。

そのコアの部分は、常に私の中に強く存在しています。

「そんなのかっこ悪くてスマートじゃない」とか、「本気になればいつでも燃えることができる」なんて思っていても、それはまず不可能です。この時期に燃えることができない人は、その後、新人時代を超える情熱を持つことは１００％できません。

新人の頃は、誰よりも遅くまで仕事をして、誰よりもたくさん質問をして、誰よりも多くの失敗をする。そんなふうに1年間を過ごしてみてください。必ず一目置かれる2年目になっています。

仕事に対して情熱を持ちすぎて疲れてしまう。最初のうちは、それぐらいでいいと思います。

情熱がありすぎて、先輩からうるさがられるくらい熱くなってください。

先輩たちはきっと「うざい」と口では言いながらも、「この熱さは、俺が忘れかけているものだな」と、実は刺激を受けているものです。

私も新人時代は、情熱が空回りして、失敗もいっぱいしました。

でも、その経験がなければ今の私はなかったと思っています。

生意気だった私がお客様と〝戦って〟気づいたこと

リクルートで1年目の営業マンのときに、お客様に啖呵を切って激怒されたことがありました。

当時、私は高校生向けに専門学校の情報を紹介する媒体の担当をしていました。ちょうどその頃、先にも述べたように、世間ではリクルート事件が世の中を騒がせていました。

私が入社したのは、1989年。事件が起こった翌年でした。

私が担当することになったお客様は、神奈川県の専門学校を全部まとめて、リクルート媒体への掲載を控えようと先頭に立ってはたらきかけている人でした。

ご挨拶に行くと、べらんめえ口調でいきなりこう言われたのです。

「いい気になりすぎなんだよ、おたくは！　だから俺たちは、今年1年はリクルートには掲載しないから！」

リクルートがやってきたことに対してすごく怒っていて、とにかく神奈川県の専門学校はすべてまとめて掲載を降りる、と。今になって冷静に振り返ると、そのお客様の言っていることはよくわかります。

でも、当時の私は入社したばかりの社会人1年生。仕事に燃えていましたし、今思えば生意気なところもありました。

お客様のあまりの言葉にカチーンときた私は、思わずこう言い放ってしまったのです。

「じゃあ今年、専門学校に入ろうと思っている人たちはどうなるんですか！　浸透率の高いリクルートの媒体に情報が載らなかったら、高校生たちに神奈川県の専門学校の情報が届かないんですよ！　それでは今年の高校生たちを不幸にするんじゃないですか！」

この言葉は嘘ではありませんが、営業経験を重ねた今の私には「お客様に失礼になる」「相手を怒らせてしまう」「自分の会社のことを棚に上げ過ぎ」と思って、とても言えないセリフです。

でも、当時の私は完全に熱くなってしまって、思いの丈をぶちまけました。

「リクルート事件はたしかに問題ですよ。問題かもしれませんが、高校生たちには関係ないことじゃないですか。なのに、あなたがそういう判断をすることで情報が行き届かなくなって、今年の高校生は、去年の高校生に比べて何万人も不幸になってしまうんです！」

「うるせえ、そういう問題じゃないんだ！」

こんな言い合いになってしまって、結局、そのお客様は掲載を降りました。会社の不祥事が直接の原因だったにせよ、営業マンとしては完敗です。

ところが、後から聞いた話なのですが、その人はほかのところで私のことを「あいつは面白いヤツだ」と言っていたそうです。

そして、次の年になったら、今度はその人が陣頭指揮をとって、「みんなでリクルートの媒体に載せよう！」と言ってくれたのです。

営業の仕事をしていると、こういうこともあるのです。そのお客様も、私のことを「こいつは不器用だけど、純粋で熱いヤツだな」と思ってくれたのかもしれません。

そのときの私の失敗は、お客様を思い切り怒らせてしまったことですが、新人の頃にはそんなことがあってもいいと思います。

「災い転じて福となす」という言葉もあるように、**新人という存在は、情熱さえあれば何でも許される**のです。

営業を始めたばかりの頃は、電話でのアポにせよ、お客様に会うにせよ、あらゆることに対して緊張するでしょう。どんなふうに挨拶したらいいのか、どんな話をしたらいいのか、ミスをしてお客様を怒らせてしまったらどうしよう……と。

でも、大丈夫。新人に必要なものは「情熱」だけ。粗相をしたことで、逆にお客様に顔を覚えてもらえたという営業マン・ウーマンも大勢います。

絶対に許されない失敗なんて何もありません。だからといってミスをしてもいいわけではありませんが、どんな失敗をしても許されるのは新人だけの特権なのです。

情熱というものは、基本的には1年目がピークだと思います。その情熱を失わないように、2年目、3年目、4年目と、どの先輩たちも努力しています。

たとえば、刺激を受けにセミナーに行ったり、異業種交流会に行ったり、講演に参加したりしてモチベーションを上げて、情熱を失わないようにしています。

でも、情熱を持って、ひたすら頑張っている新人の姿を見ることが一番の刺激です。そういう意味では、新人は組織の中で最も重要な存在といえるでしょう。

先輩は新人がいるから成長できる

もうひとつ、**1年目の新人には、2年目の社員を「先輩」にするという大きな役割があります。**

1年先輩の社員たちは、後輩である新人たちの見本になったり、指導をすることで、本当の意味での「先輩」として成長していく。

新人がわからないことを先輩に聞くことで、ひとつ上の先輩はもちろん、職場や組織全体の力も向上していきます。だから「質問をしない新人」はすごくもったいない。

何を聞けばいいのかもわからなければ、「何を質問すればいいのかわからないのですが」と質問をすればいいのです。

人は「自分の話を聞いてくれる人」が好きです。新人は先輩に教えてもらったことを積極的に実践して、その報告をする。自分の言ったことを実践して、きちんと報告してくれる人間は人に好かれます。特に新入社員ならなおさらです。

そして、「この先輩のようになりたい」と思える尊敬できる人を見つけたら、何度でも食らいついて話を聞く！

そんな新人は早く成長できるのと同時に、先輩をも成長させることになります。

私には今、アシスタントが2人いて、そのうちひとりは障碍《しょうがい》を持った女性です（世の中では「障碍」と呼んでいますが、私としては個性がある人と思っています）。新人の彼女が入ってきたことで、先輩アシスタントの気持ちが引き締まって、仕事ぶりにも変化が表われてきました。

「障碍を持っている彼女が、どんどん成長しているのだから、私ももっと頑張ろう。先輩として、昨日よりも今日のほうが仕事ができるようになっていかなきゃ」

先輩アシスタントの女性はそう話していました。これは彼女が「先輩」になった証拠です。新人の情熱が、先輩を本当の「先輩」にしていく。

新人には、そんなふうに先輩たちが忘れかけたものを思い出させたり、刺激を与えたりする、すごく大きな役割があります。新人が会社に加わることは、組織全体にも大きな影響を与えるのです。

新人の自分に何ができるのか？

そんな悩みに陥ったときは、「新人の自分には新人にしかできない役割がある。そのためにも、ただ情熱を持って仕事をすること」と思い出してください。

「効率が悪い働き方」だからこそ得られるもの

「失敗をすること」と同じくらい、1年目に大切にしたいことは**「無駄な努力をすること」**です。

仕事を始めたばかりの頃というのは、その努力の仕方が間違っていたり、意味のないことに力を注いでみたりして、頑張ったことの大半が実は無駄だったりします。でも、それこそが必要な経験です。若い頃にした無駄な努力によって、たくさんの大事なものを得ることができるのです。

たとえば、新人が10の努力をします。実はその半分近くが無駄なことで、10のうち実を結ぶのは6つしかない。そういうことは往々にしてあることです。

でも、そこで腐ってはいけません。なぜなら、**10のうち無駄になった4つの中から、「意外と必要なこと」が1つ見つかることがある**からです。

そんなプラス1の経験を積み重ねていくことで、より強い営業マン・ウーマンになっていきます。

経験を積んだベテランならどんな努力が結果につながるのかがわかっているので、的確に6つの努力をし、6つの結果を出すことを考えながら仕事をしていきます。

でも、それをできるようになるのは先々でいいのです。

年次を重ねると、どんどん無駄をなくして効率よく仕事をするようになっていきます。なぜかといえば、「無駄なことをする時間」がなくなっていくからです。

人を指導する時間が必要になったり、社内での会議などに時間がとられるようになってくるからです。

そうすると、10のことをやっている時間がなくなってしまう。効率よく、無駄のないような仕事の進め方をせざるを得なくなるんです。

つまり、一見無駄かもしれないことができるのは、これまた新人だけの特権です。

無駄そうな努力をする時間があったり、それが許される立場なのは、とても貴重なことなのです。

新人の頃に無駄をしながら「意外性の1つ」を見つけられる嗅覚を身につけておかないと、年次を重ねて結果を出さなければならなくなったときに、人並みの結果しか出せなくなります。

私が新人時代に、あるお客様のために一所懸命に資料をつくっていたとき、先輩からこんなことを言われました。

「こんな資料をつくったって、役に立たないよ。お客さんは全然喜んでくれないよ」

それでも私は、絶対に役に立つと信じていたので、その資料をお客様のところに持っていきました。

ところが、先輩の言う通り、それはまったくのお門違《かどちが》い。役に立つと思っていたのは、やはり私の思い込みによる勘違いでした。

でも、お客様はこう言ってくださったのです。

「こんなことまでやってきたのは、あなたが初めてですよ」

その資料自体は、残念ながらお客様の役に立ちませんでした。でも、**役に立たな**

かったけれど、まったく無意味だったかというと、そうではなかったのです。

本来の目的とは違っていましたが、その資料をつくったことで、お客様との距離が縮まり、「川田」という営業マンを印象付けることになったのです。その結果、「今度調べてきてほしいことがあるんだけど」とお客様から頼っていただけることが増えていきました。

そこから「いったいどんな資料をほしいと思っているのか」「どんなタイミングでほしいと思っているのか」などを掴めるようになっていきました。

そしてその経験が、次の仕事に活かせるようになっていったのです。

その場では役に立たなかった資料が、結果的には私を成長させることにつながったのです。

一所懸命やった結果が無駄な努力に終わってしまったり、思わず熱くなって言ったことがまるでお門違いだったりすると、恥ずかしいです。

でも、**恥をかくのを恐れて、積極的な行動を取らなかったり、自分が思いついた**

ことを試そうとしなかったりするのはもったいない。

あなたも、はじめは時間がかかったり効率が悪くても、10の努力をしてください。最初から効率なんて考える必要はありません。

そこから身についた「意外性を生み出す力」は、見えない差となってまわりの人を超える結果をもたらすことになるはずです。

そして何よりも、お客様が喜んでくれる瞬間が増えてきたときに、あなたにとって営業という仕事は、かけがえのないものになっているはずです。

6

ノルマ（目標）とどう向き合うか

営業マンにとっての「ノルマ」という存在

きっと多くの人が恐いと思っているのが、「ノルマ」ではないでしょうか。

まずはじめに、今の私にとってのノルマや目標について述べておきます。

今の私にとって、他人から与えられるノルマや目標は必要ありません。そのかわり、自分でつくる目標は大切だと思っています。何が違うかというと、今の私は、若い頃と違って自己管理ができるということです。

若い頃はランキングなどの他人との比較や、目標達成したときの周囲からの評価が必要でした。なぜなら、弱いからです。仕事が上手くいかないと、社会環境のせいにしたり、会社や商品のせいにしたりするものです。そのうち実績の上がらない者同士で集まるようになって、愚痴を言って無駄な時間を過ごすようになります。何かしらの理由をつけて逃げてしまうのです。

しかし、今では自分で自分の目標を定め、それに向かって逃げずに正面から向き合うことができます。それができるようになれば、他人のつくったノルマや目標などに支配されることは必要なくなります。

逆に言うと、**若いうちはランキングやノルマ、目標などは必要なもの**だと思っています。

もし、オリンピックに〝メダル〟がなかったら

ほとんどの営業マン・ウーマンには、月間や年間での「売り上げノルマ」があるでしょう。私の前職では、「ノルマ」という言葉は使わずに、「目標」と言っていました。そちらのほうが、前向きな感じがする言葉だからでしょう。

しかし、「ノルマ」も「目標」も、実際は同じことです。「締切」や「納期」も意味は同じです。

これらは営業だけでなく、どんな仕事にも共通するものではないでしょうか？

経理の人が伝票を整理するときにも「締切」はあるはずです。人事の人が新卒を採用する場合も「人数」や「期限」が明確に決まっているでしょう。

何の目標もない仕事というのは、基本的にはあり得ないはずです。目標があるから、人はそれを実現するために一所懸命に頑張るのです。

目標というのは、営業でもほかの仕事でも変わらない〝大切なこと〟なのです。

小学校の運動会のかけっこを例にすると、わかりやすいかもしれません。もし、みんなで競走をするけど、順位はつけない。自己ベストを出す必要もない。ただゴールまで走ればいいというかけっこをしたとして、あなたは全力で走りますか？

走ることの楽しさに気づいたり、自分が成長する経験ができるでしょうか？

順位のないオリンピックを想像してみてください。もしも、オリンピックに順位や勝敗がなかったら、私たちは感動するでしょうか？

選手たちが勝利という「目標」や、記録という「数字」を目指して、血のにじむような努力をしているから、私たちも感動するのです。

オリンピックの選手が涙を流して「自分で自分を誉めたい」とか「何も言えね

え」と多くの名言を残しているのも、メダルや入賞という具体的な目標を掲げたから生まれたものだと思います。だからこそ、心にしみるのでしょう。

金・銀・銅というメダルは、他人がつくった価値観です。それ自体に意味があるというよりは、そこに行き着こうとして努力する過程が尊いのだと思います。

華やかに活躍している人の結果だけを見て憧れていても、そこに行くまでの大変な思いを経験しない限り、その人たちと同じようにはなれません。

具体的な目標や数字があるから、人は成長できる。そこから教わることはたくさんあります。

これは仕事においても言えることです。**営業の仕事では、数字や順位だけを追いかけている人間のほうが得てして力がついて出世します。**

なぜかというと、追いかける中でさまざまな経験をするからです。

目標を高く設定すると、それを追いかける過程で多くの商談をこなすことになります。トラブルの数も増えるかもしれませんが、それによってどんどん経験値が上がっていきます。経験値が上がれば、当然、自信もついてきます。

そういった経験や自信が、すべてあなたの力になるのです。

数字や順位を追う過程こそが、さまざまな学び、気づきを与えてくれる。それが結果的に、自分という人間の評価につながっていく。

そういう意味では、私たちもオリンピックの選手も、大切にしなければいけないことは一緒です。

数字と「モチベーション」について

順位や目標がなくても、常に自己ベストを狙って走ることができる人であれば、それでもいいでしょう。なぜなら、自己ベストを目指す過程で、その練習に耐えていく経験（営業でいえば商談です）をたくさんすることになるからです。

とはいえ、目標がなくても、何かに全力で取り組める人間というのは、めったにいないと思います。10よりも11、11よりも12と経験値を積んでいくためには、順位や目標が必要なのです。

売上高やランキングといったわかりやすい数値があると、自分がだんだん力をつけていることが実感できます。

「前回は7位だったから、今度は3位以内を目指そう！」

あなたも勉強やスポーツで経験があると思いますが、**自分をやる気にさせ、モチベーションを上げるには、このようなシンプルな目標の立て方が最も効果的**です。

順位で比較されることや、頑張らないと届かない目標があるということは、たしかにあなたを追い込むことになるかもしれません。しかし何度も言うように、その環境が社会人としても、ビジネスマンとしても、急激に成長させてくれるのです。

若い人から、よく「やりがいのある仕事をしたい！」という声を聞きますが、このやりがいというのは、仕事をしながら見つけていくものです。仕事を実際にする前に考えるやりがいなどというものは空想で、本当のやりがいではありません。

この「本当のやりがい」を感じるためにも、数字やランキングをモチベーションにするのはいい方法だと思います。むしろ新人の頃や入社して数年の間は、それが一番なのではないでしょうか。

あれこれ考えるよりも、目に見える「結果」を目指す。

まずはそれが第一歩です。

「本当のやりがい」に出会うためには、野球でたとえると、たくさん素振りをしてたくさん打席に立つことです。

たくさん打席に立つことで経験値があがり、結果として試合でヒットやホームランが打てるようになっていきます。結果が出てきて初めて、それが誰を幸せにしているのか、世の中で自分がどのように役に立っているのかなどがわかってきます。

営業の場合は、できるだけ多くの商談をこなして経験値を高め、多くの結果を出していくことです。たとえば、1日100件のお客様にアポ取りの電話をする。それが野球でいう「素振り」になります。

たくさんの電話をすればするほど商談の数が増えます。それが「打席」です。

まずは素振りをしまくって数をこなす。すると、おのずと打席に立つ回数が増える。**経験の浅い営業マン・ウーマンにとって大事なのは、素振りの「数」**なんです。

私も前職の新人の頃はとにかく素振りをして、いっぱい打席に立って、何度も三振してきました。

お客様に対して、あまりにも基本的な質問をしてしまい、「ちゃんと勉強してから出直してきなさい！」と、怒鳴られて追い返されたこともあります。

自分の目標達成のため、「これで今月の目標が達成できます。お願いできませんか？」とお客様に契約のお願いをして、「なんでそんなことのために契約しないといけないの？」と断られたこともあります。

今思えば情けなくなるような話ですが、そのときのお客様の反応や言葉は、今の私の糧になっています。

そんなふうに、素振りの数をこなす、売上目標やランキングの順位を意識して、とにかく商談を重ねる。

営業の仕事を始めたばかりの人が、数字やランキングに支配されすぎないように振る舞うことは、仕事から逃げることと同じです。

「やりがい」という抽象的なもので頭を悩ませる前に、がむしゃらに仕事に取り組むことで見えてくるものが必ずあります。

目指すものは「どんどん変わっていい」

目標やランキングは大切と書きましたが、**いつまでも数字や順位を目標にして仕事を続けていくのは、少し違う**と思います。あくまでも20代の経験の少ない頃、新人の頃のお話です。

全国規模のある有名なチェーン店を経営している社長さんが、テレビでこんなことを言っていました。

「僕は数字が好きなんだ。目標の数字を定めて、その数字をいつまでに達成するというように決めて、同じ業界の誰にも負けたくないんだ」

その社長さんは、子どもの頃から非常に厳しい環境で育って、大学も途中で辞めたそうです。お金もなかったけれど、一所懸命働いて貯めたお金で小さなお店を始めて、やがて2軒、3軒と増やしていって、今は1000店舗を目標にしていると。

すごい人だと思います。

でも、私はその話を聞いていて、こう思いました。

「この人は、いつまでこの価値観でやっていくんだろう？」

きっと、1000店舗という目標を実現したら、次は2000店舗、次は3000店舗目を追いかけるのでしょう。

テレビではその部分だけをピックアップして放送していたのかもしれませんが、私は、なんだか魅力的ではないな、と感じてしまいました。

なぜかというと、その社長さんが50歳だったからです。

昔と同じ価値観のまま、ずっと目標を追い求め続けるのはどうなんだろうと。どれだけ大きな偉業を成し遂げていても、数字だけを追い求めて他人との比較にモチベーションを持っているのは、人として大事なこととのバランスが少し崩れてしまっているのではないかな、と思ったのです。

でも、20代で「僕は１００店舗まで増やすことを目標にしています。何歳までに実現します！」と言っている人がいたら、逆に魅力を感じます。

20代というのは、何かの目標に向かってがむしゃらに突っ走って、力をつけるべき時期。そういう大きな目標を目指すことは、素晴らしいと思います。

つまり私は、**目標というのは〝ずっと同じである必要はない〟と思う**のです。自分の成長とともに、目標はどんどん変わっていくものだと。

そして「ひとつの目標を達成した人だけが見える景色」というものがあります。目指したものを乗り越えた場所に広がる景色を冷静に見て、**考え方を変えたり、一時期は違う方向に行く経験をしながら、人は成長していく。**

私の場合も、目標を達成したり、多くの出会いがあって、年齢や経験によって目標や生きがいが変化してきました。

あなたの目標が少しずつ変わっていったら、それは成長の証です。

しかし、注意しなければいけないのは、目標を乗り越えて変化していくのはいいのですが、乗り越えることを途中であきらめて変えていくのは〝逃げている〟ということもあります。

自分の目標の変化が「成長」なのか「逃げ」なのかは、よく考えてください。

「売り上げのため」か「お客様のため」か

では、数字を追いかけて売り上げを上げるには、どんな営業活動をすればいいのでしょうか。

「なんでもいいから、とにかくダマしてでも売ってこい！」

まさか今どき、どんな会社にもそんな言い方をする上司はいないと思います。

少なくとも、私が接してきた経営者の方々は、「目標を持って営業しないとダメだ。だけど、お客様のことをきちんと考えて、その目標を達成しよう」と言っています。

あくまでもお客様のことを大事に考えながら商品を販売し、その上で目標の売り上げを達成する。これが営業マン・ウーマン全体に求められていることです。

しかし、実際の仕事では、この「売り上げのために」と「お客様のために」を両立させることは、簡単ではありません。

そこで私は、**「For Me（自分のため）」と「For You（相手のため）」**という言葉を使い、その出し入れがスムーズになるよう心がけながら、仕事をしています。

これは後輩にもよく話すことなのですが、「For Me」とは、簡単に言うと「自分のために売ろうとすること」。「For You」とは「お客様のことを考えて売ろうとすること」。

営業なら当然、商品を売るために「For Me」の瞬間はあるものです。誰もがそうですし、なくてはならないものです。

でも、それを自分でコントロールして引っ込めることができるバランス感覚も大切なのです。

多くの新人営業マン・ウーマンが「For Me」をコントロールできず、売ろう売ろうという意識だけが先走ってしまい、一方的に話をしてしまったり、お客様のためにならない提案をしてしまいます。自分の売り上げだけを考えてしまっているのです。「とにかく売ろう!」と意気込む気持ちはわかりますが、それだけでは商品は売れません。

売るためには、まずお客様の話をしっかり聞いて、相手のニーズを理解する。その上で、商品を売るための提案をしていく。

「自分のため」ではなく、「お客様のため」になることは何か、そのために必要なのはどんなことか。それを意識してお客様の話を聞いていれば、相手に聞きたいことも自然に出てきて、会話も弾みます。

つまり**「お客様のため」を基本に話をして、「自分のため」をしっかりコントロールする。**私はいろいろな商談の経験を重ねてきて、それが上手になったのだと思います。

新人のうちはバランスが悪く、「For Me」の精神が強くても許されますが、ゆくゆくはこのバランスを考えていかないと、お客様に支持されなくなってきます。

これは商談の経験を重ねていく中で、次第に意識してもらいたい部分です。お客様ときちんと話をして商品の必要性を伝え、それを理解してもらって気持ちよく購入していただくことが大事なのです。

だからといって「For You」の精神、つまりお客様のことを考えて提案するだけでも売れないことがあります。大切なのは、この2つのバランスです。

私はこれまで、どんなときでもお客様を思う「For You」の精神が51％以上で、自分のために売る「For Me」の精神が49％以下を心がけてきました。注意しなければいけないのは、このバランスを取りながらどんな状況でも、一瞬たりとも「For Me」の精神が半分以上になってはいけないということです。

中には**「売り上げを上げること」よりも「お客様のこと」を考えるほうが大事だと一人前に主張して、「For You」の精神を業績が上がらないときの言い訳にしてしまう人も多くいます。**

私が言いたいのは、そうではありません。

お客様のことを考えるのはもちろん大事だけど、**営業というのは、売り上げにも**

こだわらなくてはいけないということです。

私の著書を読んでくださった方でも誤解されている方が多いのですが、私自身は、売り上げに対するこだわりがものすごく強い人間です。決して、お客様のためになれば、売り上げなんて上がらなくてもいいとは思っていません。

今でも、私はきっと誰よりも強い「For Me」の精神を持っています。

ほかの人と比較して表現するとしたら、「For Me」の精神が100％あるのです。

しかし、**別の心として101％の「For You」の精神も持っている**のです。

その2つの心を場面に応じてコントロールしながら、バチン、バチンとスイッチを切り替えるように営業しているのだと思います。

必要な人に、必要なものを売る

私は、お客様と初めてお会いしたときに、最初から商品の話をすることはほとんんどありません。まずはお客様がどんな人なのか、必要なものは何なのかを知るために、いろいろな話をお聞きします。

その結果、自分が扱う商品に対してニーズがなければ、絶対に勧めません。

たとえて言えば、**メガネが必要ない人に、メガネを売るような営業はしない。**

これが私のポリシーです。

だからと言って「目が悪い人かどうか」だけで必要かどうかを決めるような営業もしません。たとえ目がよくても、「メガネをかけるとまわりからの印象が変わること」や「自分自身の気持ちが変わること」「TPOに合わせての活用」など、相手も気づいていなかったようなニーズがないかを探っていきます。

そして、あくまでも**「ニーズ」があった場合に「売る」ことになる**のです。

ときにはお客様が必要としているものが、自社の商品以外のものだったりもします。そんなときには、自社の商品に関係なくても、営業で多くの業種の人から得た知識や情報を伝えるだけで、相手に喜んでもらえたりします。

私の場合は、お客様が経営者や人事担当者だったら、他社のユニークな人事制度や福利厚生についてお話ししたりします。企業の上に立つ方々は、みんな社員のモチベーションを上げたいと願っていますから、そういう話をすると「面白いね」と言って、興味を持って話を聞いてくださいます。

多くの企業を見て、多くの経営者に会い、多くの価値観にふれてきたことは、私のひとつの「武器」なのです。

だからといって、私の商品が売れるわけではありませんが、そのコミュニケーションの中から川田という人間性を感じてもらい、信頼していただければ、その方の知り合いを紹介してもらえたり、商品が必要になったときには声をかけてくださいます。

「For You」の精神を大事にしながら、「For Me」に結びつけていく。そういう売り方ができて初めて「お役に立つ」営業マン・ウーマンになります。

「For Me」と「For You」のこのバランス、あなたが営業の仕事を始めたら、常に意識するようにしてみてください。

ただし、とても大事なことなので繰り返します。「お客様のためになれば、売り上げなんて二の次」と誤解しないように注意してください。

「自分の壁」は自分がつくっている

「1マイル4分の壁」という話を聞いたことがありますか？

20世紀の初め頃、陸上競技には、「1マイル（1609m）走」という競技がありました。

1923年にフィンランドの選手が4分10秒3という世界記録を打ち立てました。専門家たちはこのとき、1マイル4分の壁は決して破られることがないだろうと断言し、世界中のトップランナーたちの常識となっていきました。

ところが、それから31年が経った1954年、この常識はきっと覆せるはずだと信じて走ったロジャー・バニスターという選手が3分59秒4の記録を残し、31年間も破られなかった4分の壁が、とうとう破られました。

ここからが面白い話なのですが、その後、このバニスターの記録が破られるまでに、どのくらいの年月がかかったと思いますか？

バニスターが4分の壁を破って、世界の常識が崩れました。すると、なんとその46日後に、別の選手がそれを1秒4も上回る速さで世界記録を更新してしまったのです。さらに、この1年の間に、なんと23人もの選手が4分の壁を破る記録を出しました。

つまりこれは、「4分の壁」は単なる思い込みに過ぎなかったのだということです。

この出来事は、不思議な脳の機能が原因で起きたことと言われています。30年以上も記録が破られなかった理由は、「4分なんて破れない！」と誰もが思い込んでいたせいで、反対にその壁がなくなってしまうと「自分にもできる」とみんなが思い込み、記録はどんどん更新されていったわけです。

この話を営業の目標に照らし合わせると、どういうことになると思いますか？

「今設定している目標は、死に物狂いで頑張ってやっと達成できるもの」という思い込みが、いつもギリギリの目標達成につながっていると思うのです。

しかし、たとえば、「今月は31日ではなくて、30日までしかないよな」と思い込んでしまえば、実際に31日まであっても30日で目標を達成することができ、「今月の目標は○○円だよな」と実際の目標の120％を信じ込んでしまえば、本来の100％の目標は通過点のように達成してしまうものなのです。

目標の達成率や達成までにかかる時間は、自分の思い込みでコントロールすることができるということです。

私がリクルートの新人営業マンだった頃、いつも目標を達成していた先輩に質問したことがあります。

「どうやったら毎回目標達成することができるんですか？」

そのときの先輩の答えは、当時の私にはよくわからないものでした。

「秘訣を教えてやるよ。〝達成癖〟をつけること。毎回達成していると自然と達成できるようになるんだよ」

今その言葉を振り返ってみると、「まさにその通り！」と思ってしまいます。

あなたも目標のとらえ方を自分の中でコントロールできれば、驚くくらい簡単に達成できるようになります。

嘘のようですが、私の経験上、本当の話です。

7

お客様から信頼されるために

「話し好き」は営業に向いていない

信じてもらえないかもしれませんが、私は「人見知り」な性格です。人と話をするのも、実はあまり得意ではありません。初対面の人相手なら、なおさらです。

誰かと飲みに行くときは、基本的には気持ちがいつも重くなります。「何を話したらいいいんだろう?」と考え込んでしまって、前日もブルー、当日もブルーです。

では、なぜそんな私が成功できたのか?

営業の仕事では、実は〝話す〟ことより〝聞く〟ことが大事だからです。

私の場合、飲みに行くときにはブルーでも、話をしているうちに「へえ、なるほど。こんなふうに考えるんだ」と相手の話に興味を持ち始めると、自然に自分の考えも話せるようになって「今日は楽しかったな!」と思います。

つまり、社交的な性格かどうかではなく、**相手に興味を持つこと、相手の話をしっかり聞くこと、これが営業の仕事で成功するための重要なポイント**なのです。

「いやぁ、ここ3年くらいは大変な時期もありましたけど、でもまあ、どうにかやってこれましたよ」

たとえば、お客様が会社の経営者で、そんな話をされたときは、

「それはどれくらいの大変さだったんだろう？」「具体的にどんな大変なことがあったんだろう？」「従業員をリストラしたんだろうか。それとも自分の給与を落とすことになったんだろうか？」「家族を食べさせるお金がない時期もあったんだろうか？」「そのときの気持ちはどんなものだったんだろうか？」

……などといろいろなことを考えて、

「大変というのは、具体的にどういうことだったんですか？」

とくわしく突っ込んで話を聞いてみる。

私は相手に関心が持てれば、話せるようになります。人見知りの性格とは矛盾するようですが、人の話を聞くのは好きなので、お客様のお話を聞くのが楽しいのです。

営業とは、「喋ること」が得意な人に向いている仕事だと思っている人が多いかもしれませんが、本当はそうではありません。

実は「人の話を聞くこと」が好きな人に向いている職業です。トップセールスになれる営業マン・ウーマンも、みんなそういう人たちです。

「川田さんの話術にやられちゃいましたよ」

営業先でそんなことを言われたりもしますが、実はそうではないのです。お客様も勘違いしています。話をきちんと聞いて自分の考えを汲み取ってもらえた上での私の話なので、納得して満足度が高いだけなのです。

私もプロですから、表現方法を工夫して話したりはします。でも、**営業に向いているのは人の話を聞くのが上手な人であって、向いてないのは一方的に話をしてしまう人**です。

多くの営業マン・ウーマンは、自分の商品を売ることで頭がいっぱいで、相手の気持ちも考えずに、一方的に商品の説明をしてしまいがちのようです。

しかし、お客様の頭の中は違います。自分にとっては大切なアポイントでも、お客様にとっては、初めはただの面談のひとつに過ぎません。

ですから、まず頭に入れておかなければならないのは、初めの段階では**お客様はあなたの会社にも、あなた自身にも、あまり興味を持っていない**ということ。

そこを誤解してはいけません。お客様の話を聞きながら、まずは相手との接点を探していく。それから、商談に入っていく。

お客様から「信頼できる営業マンだ」と思われる人は、そこをしっかりと押さえています。

お客様の「本音」や「心の声」を感じ取る方法

商談で大事なのは、「相手に興味を持つこと」なのですが、後輩の営業マンと話していて、こんな会話になったことがあります。
後輩「お客様から、今度は設計書を持ってきてと言われました」

川田「へえ、いくつの人？」
後輩「40歳くらいだと思います」
川田「結婚しているの？」
後輩「多分、結婚していると思います」
川田「子どもがいるかどうか聞いてないの？」
後輩「わからないです」
川田「……」

この会話だけでは、相手がどんなお客様なのかがまったく見えてきません。

でも、多くの人はこの後輩と一緒です。**相手に気を遣っているのではなく、相手に対して興味がないから、何も質問できない**のです。「本当に役に立ちたい」という気持ちが弱いとも言えます。

はっきり言ってしまうと、こういう浅い会話しかできないうちは、営業の仕事で成功することは難しいでしょう。

相手に興味が持てれば、話はいくらでも弾みます。子どもがいるなら、何人いるのか。男の子なのか女の子なのか、何歳くらいなのか。どんな子どもなのか。普段子どもとはどのように過ごしているのか。そのときどんな気分なのか。

子どもがいるかどうかだけでなく、お客様の子どもに対する考え方や接し方は、人生設計をする保険の営業では提案のときの重みが変わってきます。それは提案する側にとってもそうですが、提案を聞いていただくお客様にとっても同じことが言えます。

たとえば、私はお客様に興味を持つと必ず聞く質問があります。それは、出身地です。

川田「海の近くにお住まいですか。やっぱりサーフィンとかしているんですか？」
お客様「それが、一度もやったことがないんですよ」
川田「えっ、そうなんですか。もともとご出身はどちらなんですか？」

こんな形で会話がどんどん広がっていくと、お客様がどんなふうに育ってきた人なのか、どんなプライベートを過ごしているのかがわかってきます。

そんな会話をきっかけにして、話が深まっていけば、どんどんお客様との距離が縮まるだけでなく、その人の考え方などが理解できます。そうすればおのずと、相手にとっての〝本当のニーズ〟も見えてきます。

お客様は、自分に興味を持ってくれていない人に信頼は置きません。商談というのは、そこから始まるのです。

優秀な営業マン・ウーマンは、お客様からの信頼を得ています。その信頼を得られる人とそうでない人の差も、相手に対して興味が持てるかどうか。

プライベートの友人関係などに置き換えてもわかることだと思います。何か困ったときに、相談に乗ってもらう相手というのは、真剣に興味を持って聞いてくれる人だと思います。

相手に興味を持てない営業マンは、その一番大事なことに気がつかないまま会話を終えてしまい、結果的に商品も売れません。

「会社の社員教育のために、川田さんに講演をお願いしたいのですが、一度お邪魔して打ち合わせをさせていただけませんか？」

そう言って私に会いたいという人がいたら、私はいつもこう言っています。

「わかりました。でも、せっかくなので、私のほうからそちらに伺います。御社の社員の役に立つ話をするのであれば、そちらの会社の雰囲気をちょっとでも味わいながら話をしたいですから」

私が自分から相手の会社に出向いていくのは、相手の役に立ちたいと思うから、相手に興味を持とうとしているからです。どんなオフィスなのか、どんな雰囲気の会社なのかを知りたいからです。

相手にこちらに来てもらったら、損をするような感じさえあるんです。

「へえ、意外と新しい建物なんだな」「会議室は堅い雰囲気だな」「社員はきびきび動いているなあ」「社長は柔らかい感じの人だなぁ……ああ、もともとは銀行の人なのか」「だから、こういうカチッとした応接なのか。貼り紙も1枚もないんだなぁ」

私は取引先や初対面の人と会うときは、こんな調子で建物やオフィス、そこで働いている人たちも観察しながら、いろいろなことを感じます。

営業マン・ウーマンにとって大事なのは「観察すること」と「感じること」です。

すべてに耳を傾け、観察し、感じることで、その会社や経営者の「声」が聞こえてくるのです。その「声」に耳をすませば、自然に相手に興味がわいてきます。

そして、そこで感じた疑問や興味を相手に聞いてみるのです。

「オフィスや廊下の壁に何も貼ってないのは、何か理由があるんですか？」

「ええ、実は父がこの会社をつくったんですけど、壁には貼り物を一切するなと言っていたんですよね」

「めずらしいですねぇ。それはなぜですか？　お父様からバトンタッチしたのはいつ頃ですか？」

このようにお客様の話を聞いて納得すると、そこからまた別の興味が生まれてきます。

相手の会社を訪れて、興味を持って会社や社員の様子を観察し、会話を深めていけば、その人や、その会社の歴史や物語が見えてくる。

壁の貼り紙ひとつとっても、そこには何らかのドラマがあるものです。相手の性格や人柄、歴史がわかれば、結果的に商談もしやすくなります。

お客様にしても自分に興味を持ってくれている人に対しては、心を開いてくれるものです。お客様との信頼関係を築くには、まず相手に興味を持つこと。これはとても重要です。

ですから、人の話をちゃんと聞けるのなら、営業の仕事をやる上で「人見知り」はプラスにはたらくこともあります。その長所を活かして、相手を観察し、感じる感性を磨いていけば、本当にお客様のお役に立てる営業マンになることができます。

「要望に応えられない理由」ばかり探していないか

お客様の話を聞きながら商談をしていると、一見「無理だ」と思えるようなお願いや相談をされることもあります。

あなたなら、そんなときどうしますか？

無理なものは無理なのだから、「できません！」ときっぱり断りますか？

私は、まずは本当に無理なのかどうかを考えます。考え抜いた結果、それが本当に不可能なことだったら仕方ありませんが、考えもせず、反射的に「できない！」と思うのは、違う気がします。

人は、できない理由を並べるのが得意です。難しい問題に対して、できる可能性を探す人と、できない理由を探す人では、後者のほうが圧倒的に多いでしょう。

「3日以内に手続きできない？」と言われたら、「会社のルールなんです。申し訳ございません」と断ってしまう。

「明日までにこの資料をつくってきてくれ」と言われたら、「『明日まで』は……時間が……」などと、すぐにできない理由を並べてしまう。

でも、私は**無理だと思えるようなことの半分は、実は無理じゃない、なんとかいけるんじゃないか、**という思いを心のどこかに抱いた上で、考えるようにしています。

たとえば、お客様に「3日以内に手続きできない？」と言われたものの、会社が決めたルールがある。組織に所属している以上、それは守らなければなりません。

それでも私は、「大事なお客様の要望に何とか応えたい！」と思ったら、「そのルールを変えることはできないのかな？」と考えます。それがお客様や会社にとってプラスになるのなら、ルール自体を変えてしまえばいいんじゃないか、とさえ思います。

そもそも、そのルールを決めたときとは、仕事のやり方にしても、所属している人間にしても、社会の状況だって変わっているかもしれません。

ルールといっても、常に絶対的に正しいものとは限らないのです。しかし、多くの人が「ルールなんです」と言い張ってしまう。

「いやいや、何のためにそういうルールになっているの？　それって変えられないのかな？」と、私は聞きたくなってしまいます。

実際にルールを変えるのは難しいかもしれませんが、どんな物事もそんなふうに柔軟に考えて、すぐにあきらめない姿勢が大事だと思うのです。

誤解しないでほしいのですが、私は「お客様の要求は、どんな無理難題でも言われた通りにやれ！」などと言いたいわけではありません。

結局は実現できなかったとしても、**常識に縛られない自由な発想をして、まずは実現するための可能性を探る気持ちが大切**だと言いたいのです。

これまで何度も言っているように、仕事で大切なのは「結果が出たとき」だけではありません。困難な事態に陥っても、知恵を絞って努力すれば、その過程で学べることや得るものがたくさんあります。

「これはルール上、無理です」

「スケジュール的に不可能です」

どんな仕事でも、そう言いたくなるような場面はあるでしょう。営業の場合は、社外のさまざまな価値観や事情を持ったお客様が相手ですから、なおさらです。

でも、無理だと思えるようなことでも、なんとかうまく調整したり、ほかの人に協力を仰いだりしていくと、不可能に思えたことが意外と可能になったりするものです。

スケジュールについて上司に相談したら、意外とＯＫが出るかもしれません。

明日までにひとりで資料をつくるのは無理でも、同僚に手伝ってもらえばできるかもしれません。

「なんだ、できるじゃないか！」

私はそういう経験をたくさんしてきました。**根性論ではなく、徹底的に考えることで解決策が見えてくることを、身をもって学びました。**

そして、そうやってお客様の要望にお応えすることで、相手からの信頼を厚いものにしてきたという自負があります。

あなたもできない理由を並べる人ではなく、できる可能性を探す人を目指してください。

「人とちょっと違うところ」から信頼関係が生まれる

お客様が商品の内容や値段だけを見て、買うかどうかを決めているのなら、同じ商品を売っている営業マン・ウーマンの成績はみな同じになるはずです。でももちろん、実際は営業成績に差が出る。

つまり、お客様はそれを売っている人も含めて、購入するかどうかの判断をしているのです。いろいろな会社の営業担当者をふるいにかけて、商品やサービスを購入する相手を厳選しています。

あなたが商品を購入するときも、やはりそうではないでしょうか？

ですから、商品の知識や説明の方法など、基本的なスキルやテクニックはもちろん大事ですが、「その他大勢」の営業マン・ウーマンにならず、お客様の印象に残るために、もっとやらなければいけないことがあります。

それは、**ほかの人がやらないようなことをする**のです。

「普通」のことだけをしていたら、お客様の目に留まることはできません。

多くのライバルがいる中で、「この人から買いたい！」と思っていただくためには、お客様に何かしらの興味や感動を与えることが大切です。

「普通の営業だったらどうするんだろう？」

と常に頭を働かせて、普通の営業だったらしないような言動や、ちょっとした気配り、自分なりのアイデアをどんどん実行していくのです。

営業マン・ウーマンには、いろいろなタイプがいます。いつも真面目で気が利く人、フットワークの軽さを武器にする人、穏やかな雰囲気でその場を和《なご》ませる人など……。

どのタイプが正しいということはありません。その中から、**自分に適したタイプを確立していくことが大事**です。

私自身も普通の営業マン・ウーマンがしないようなことを徹底することで、トップセールスになれました。

私の初めての著書『かばんはハンカチの上に置きなさい』（ダイヤモンド社）は、私が実際に行なっている営業のアイデアをタイトルにしています。

営業の仕事では、お客様の家に行くことが多くあります。「こちらへどうぞ」とリビングなどに通されると、私は「失礼します」と言って、まずかばんのサイドポケットから白いハンカチを出して床に敷き、その上にかばんを置くようにしています。

「なんでそんなことするの？」

と思う方もいらっしゃるかもしれません。でも、ちょっと考えてみてください。営業かばんというのは、電車の床や地べたに置いたりすることがあるものです。

言ってみれば、かばんは靴の底と一緒なんです。そう考えると、かばんをお客様の家の床に置くのは、土足で上がりこむのと同じだと思うのです。だから私は、お客様のお宅を訪問した際は「かばんはハンカチの上に置く」のです。

でも、そうすると多くのお客様は「そんなことまでしなくていいですよ」とおっしゃいます。

その言葉が私にはこう聞こえます。

「そこまで気遣ってくれる営業の人は、今まで会ったことありませんでした」と。

私はお客様になっていただいた方に、「どうして契約してくださったのですか？」と必ずお聞きするようにしています。すると、

「川田さん、うちに来たときにかばんの下にハンカチを敷きましたよね。そこまで気を遣う人は初めてでした。そのときに『この人なら……』と思ったんです」

と、そんなことを言ってくださる方もいます。

これはひとつの例ですが、普通の営業マン・ウーマンがやらないような気配りを徹底することで、お客様にちょっとした興味や感動を感じていただき、「この人から買いたい！」と思っていただけることもあるのです。

実は、お客様は商品だけで買うかどうかを決めているわけではないのです。それを提供する営業マンのつくり出す空気も含めて、買うかどうかを決めているのです。

あなたも営業の仕事の中で、考えてみてください。

「こんな場面では、普通の営業だったらどうするんだろう？」

最初は難しいかもしれません。でも、自分だったらどうされたら「おっ！」と思うのか、考えてみてください。

また、優秀な先輩は何が違うのか、よく観察してみてください。

私がやっている「かばんはハンカチの上に置く」も、実はプルデンシャル生命に転職したときに、先輩営業マンがやっていたことを真似しています。**「いい！」と思ったことは遠慮なく取り入れる。**これは全然悪いことではなく、成長するための近道です。

「学ぶ」という言葉の語源は、「真似る」から来ているらしいですから、他人のやっていることをどんどん真似してください。

その上で、他の人がやらないような工夫を積み重ねていきましょう。そうすることで、あなたのタイプも確立し、お客様といい関係を築くことができます。

8

うまくいかないときに何を考えるか

お客様が断ったのは「あなた」ではない

商談を進めていたお客様から断られる。

私の実感としては、これが営業の仕事で最も凹《へこ》むことではないかと思います。

一所懸命に仕事に取り組んで、「契約する」という約束までほぼしていただいたのに、ある日突然、電話に出てくれなくなった……。私も、そんな経験をいくつもしてきました。

営業の仕事をしていれば、それは珍しいことではありません。

関係づくりもできている、提案も気に入ってもらえた。それなのに、なぜ……。

正直に言うと、これは結構つらいです。

そんなときに大切なのは、それを自分でどうとらえるか、どのように考えるかです。私は、いつもこう考えるようにしています。

「世の中には、いろいろな人がいる」

これは営業の仕事をしていく上で、すごく大事なことです。すべてが自分の思う通りにはならない。そのことを、きちんと認識しておくのです。

相手にだって当然、事情があります。こちらにはどんな事情があるのかわからないし、知らせてもらえないことだってある。

でも、知らせないというのも向こうの事情。世の中にはいろいろな人がいて、いろいろな事情があって、いろいろな考え方がある。

「営業の人に何度もていねいに提案してもらったのに、今さら断るなんて言えない。いくら事情があるといっても、自分が悪い人のように思われてしまう……」

そんな気まずい思いがあって、私からの電話に出られなくなってしまう。そういうお客様もいるでしょう。

そういうときは「理由はわからないけれど、何かの事情があるのだろう」と察することで、すぐにつらい気持ちを切り替えていくわけです。

営業にとって断られることは日常茶飯事。だからこそ、それに対してどう対処するのかは、とても重要なことです。

私は前職のリクルートから、現在勤めているプルデンシャル生命に、30歳のときに転職しました。

転職して、さあこれからだというときに、当時のマネージャーにこう言われました。

「あなたはこれから、お客様に何百回、何千回と断られます。でも、絶対に勘違いしてはいけないのは、あなた自身が否定されているわけではないのです。お客様は生命保険へのご契約を断ったのであって、**あなたが否定されているわけじゃない。**そのことだけは忘れないでほしい」

今でも私は、この言葉を胸に刻みつけて営業の仕事をしています。

お客様に断られてしまうと、自分が否定されたような気持ちになるものですが、決してそうではない。お客様にとって、その商品や契約が本当に必要のないものだったら、仕方のないことなのです。

そこを達観するような精神力だったり、気持ちをコントロールするテクニックは、営業にとって、かなり大事なものだと思います。

「気持ちを切り替える」一番シンプルな方法

商品やサービスを買ってもらえなかった、契約してもらえなかった。そうなったら営業の仕事としては失敗ですから、当然、反省は必要です。

「何が自分に足りなかったのか？」

と反省しなければ、次への成長はありません。

ただ、反省はしつつも、そのことは忘れて、すぐに気持ちを切り替えることはもっと重要です。

私も若い頃は、いろいろと悩みました。すぐに気持ちを切り替えることなんてできませんでした。ショックは大きく、次の日まで引きずったことも何度となくあります。

そういうときにはどうしたらいいのかというと、誰かに話すことです。

「ちょっと聞いてよ。こんなことがあったんだよ……」

と人に話すだけで、気持ちが少し楽になります。

自分のことを話しているうちに、もっと大変な思いをした先輩の話が聞けたりするかもしれませんし、人に話すだけでもつらい気持ちが緩和されます。失恋したときもそうじゃないでしょうか。

話す相手として一番いいのは、まずは同期でしょう。それは、最も立場や感覚が近く、理解し合えるからです。何か素晴らしいアドバイスをもらったり、同情してもらって気持ちが楽になるということではなく、とにかく誰かに話すことが大事。同期じゃなくても、家族でも恋人でも、誰もいなかったらペットの犬でもいいかもしれません。とにかく**大切なのは、自分の中にためこまないこと。**

私もつい最近、つらいことがありました。順調に進んだある商談がありました。ニーズがあると思って私は提案していましたし、次のアポイントもしっかり取れる。それこそ「あとは金額だけだね」という話になっていたのです。

ところが、最終的には「今回はやっぱりなしで」とはっきりと言われました。私は必要性があると思っていたのに、結局、そうではなかった。

ひさしぶりにショックでした。

何がショックだったのかというと、断られたことではなく、お客様にニーズがないことに気づかないで「ニーズがある！」と勘違いしていた自分自身の力のなさにです。

「俺は何をやってきたんだ……」

帰りの電車の中でも、ずっと胸がズキズキ痛むくらいにつらかったです。

でも、次の日になったら、もうまったく気にしませんでした。なぜなら、そのことを3人くらいの人に話したからです。私の気持ちはスッキリとしていました。

一番いけないのは「断られた」という事実や失敗自体ではなく、それを引きずることなのです。

次の商談に気持ちを切り替えて臨むこと。そうしないと、別の商談にまで悪い影響が出てしまいます。それでは時間も無駄ですし、負のスパイラルにはまってしまいます。

大切なことなので、もう一度言っておきます。断られてもそれ自体は誰にでもあること。大切なのは、それを引きずらないことです。

その経験を失敗のまま終わらせるか、財産にできるか

自分が扱っている商品や契約がお客様に断られてしまったら、**落ち込むのではなく、なぜ必要ないのか、その理由を直接聞いてみるといい**と思います。

「私はこれから多くの商談をしながら、成長していきたいと思っています。今後の勉強のために聞かせていただきたいのですが、今回はどうしてお断りになるのですか？　理由を聞かせてもらってもいいでしょうか？」

私はこんなふうに聞いています。

あえて自分で傷口に塩を塗るような質問ですから、初めの頃は怖くて聞けませんでしたが、多くの商談を経験してきたことで、それが「塩」ではなく、「薬」になることに気づいたのです。「良薬は口に苦し」という言葉の通りです。断られた理

由を聞くことは痛くない、むしろ薬になるんだよ——そう自分で思えるようになりました。

その契約や商品は、お客様にとって本当に必要なかったのか？

それとも、自分の力不足で必要性を感じてもらえなかったのか？

たまたま「今」は必要なかったのか？

ダメでもともと。成長のためにも、わずかな可能性を探るためにも、断られたときは、本当の理由を聞いてみましょう。若手の営業マン・ウーマンが真剣に成長しようとする姿に、応えてくれるお客様は少なくありません。

うまくいかなかった商談さえも、そこから得られるものが一生の財産に変わります。

重要なのは失敗しないことではなく、失敗をした後にどんな行動をするかです。

その経験を財産に変えることができれば、どんな失敗だって必ずいい思い出になります。

「自分の仕事のやり方」をどこから身につけるか

「行動」の大事さについて、もうひとつ思うことがあります。

世の中には本当に多くのビジネス書が出ていますが、「本を読んだから営業成績が上がりました」という声を、私はあまり聞いたことがありません。

書いてあることが嘘なのかというと、そんなことはないと思います。本の内容は素晴らしく、価値ある助言なども多いはずです。

では、なぜいい結果が生まれないのでしょう。

本を買って読もうとする人には向上心もあり、勉強熱心であることは確かだと思います。しかし、**どれだけの人が本に書いてあることを本当に行動に移しているのか**、私はそこに疑問を感じています。

以前、出版社の方とお話をしていたときに、面白い話を聞きました。

「川田さん、小説とビジネス書の違いって何だと思いますか?」

「小説は物語、ビジネス書はノウハウ、ですか？」

「小説は読書という娯楽。ビジネス書は投資なんです。

小説は、面白かったとか感動したとか、そのときの感情が大切なんですが、ビジネス書はそれではダメなんです。1000円出したら1000円に見合うだけの効果が求められるんです。ですからビジネス書を買うということは、その値段に見合うだけの手に入るものがあるのか、ということが求められるんです」

聞いてみると、なるほど、たしかにその通りだなと思いました。

では、本の価格に見合うだけの効果を手に入れるためには、何が必要か？

それは、読むだけではダメだということです。それを行動に移すこと、試してみることです。本を読んで「なるほど」と思ったことを実行に移している人は、どのくらいいるのでしょうか？

さらに大切なことは、それをある程度やり続けることです。何回か〝試す〟程度では、結果なんて出るはずがありません。

１００回やってみるとか、１年は意識して続けてみる、という具合に期間や回数で区切ってみるのがいいかもしれません。106ページで話した「素振り」のように、必ずちょっと尋常ではない量の目標を設定すべきです。

本を読んだだけで、人から教わったり、ましてや直接説明を細かく受けたわけでもないのですから、そのノウハウを自分の武器にするには相当な時間がかかります。武器になっていないうちに、効果を求めるのはお門違いだと思います。

本を読むときに、重要な箇所に線を引いたり、付箋を貼ったりする人がよくいますが、大切なのはその後です。

心あたりのある人にはお聞きしたいです。

「その箇所をすべて暗唱できますか？」

できないようなら、それは武器になんてなっていない証拠です。

私の考えでは、1冊の本にたくさん線を引くよりも、**1冊で1つ、多くて3つを手帳の表紙に書き出して、毎日のようにそれを見て、やれているかどうかを検証する。**1年間それを続けて、やっと自分の武器になってくるという感じです。

1000円前後の本を読んで、1つでも参考にして、それが自分の武器になれば、とてつもない価値のあるものに変わるのではないかと思います。

1冊のビジネス書を活かすも殺すも、読んでいる人の徹底した行動力次第なのです。

成果は「遅れて」出てくる

私の後輩に、1年間とにかく数字を追いかけて頑張ったことで、自分を変えていった人がいます。

会社で何年も成果を出せなかった後輩が、ついに支社長に辞める相談をしました。

でも、その話を聞いた私は、彼に言いました。

「辞めるという覚悟があるんだったら、税理士さんに電話でアポ取りをしてみて、飛び込み営業をやってみない？　絶対に何か起きるよ」

私は「100人の税理士に会うことを目標にしよう」と提案しました。

飛び込み営業と聞いて、彼はせいぜい20人ぐらいだと思っていたようで驚いていましたが、20人や30人では会ったところで、絶対に何かが起きるとは言いきれない。もしかしたら21人目では何か起こったかもしれない、という可能性を残してしまう。でも、100人だったら絶対に何か起きる。大変かもしれないけど、やってみよう、と。

とはいえ、100人の税理士さんに会うのは簡単なことではありません。彼も最初は躊躇していましたが、やがて決心して言いました。

「川田さんが絶対に何か起こるというのだったら、やってみます！」

その後、彼は1年かけて100人の税理士さんに会いました。ものすごく頑張ったのだと思います。

でも、結果的には何も起こりませんでした。

それでも目標を達成したお祝いにと、私はちょっと気張ってイタリアンのフルコースを、彼と彼の奥さんにプレゼントしました。

後日、彼は今後について、私にこう言ったのです。

「せっかくここまでやったのだし、しかも少しだけ手応えのようなものもありますから、もうちょっとこの会社で仕事を続けてみたいです」

その1カ月後、彼はポンと結果を出しました。さらに仕事のやり方を変えていって、その年はなんと前年の3倍もの売り上げを記録しました。

最初の1年は何も起こらなかったので実績は落ちましたが、2年かけて結果的には、実績が3倍以上になったのです。

私は彼に、こんな話をしました。

「まだ全然スタートラインに立ったレベルだけど、あのとき君がイメージした20人で終わっていたら、絶対こうはなってないよね。20人だったら、やったこと自体もムダになっている。１００人に会ったからよかったんだよ。

成果というものは、努力をするとすぐに生まれるものかというと、違うんだ。努力に対して必ず遅れて出てくるものだと思う。『このやり方では成果は出ないかなぁ』と思う先に出てくるものなんだよね」

数や期限を決めて、最初はとにかく頑張る。その数や期限も甘い設定にしない。

「これは難しいな。ここまでやるのはかなり大変だな」というところで区切る。

普通のこと（自然にできるような努力）をしていてはたどり着けないもの、それが成功というものです。

成功の法則「成功曲線」とは

多くの人が勘違いしていることがあります。それは、努力と成果が比例していると考えていることです。

努力を10すると成果が10出て、努力を20すると成果が20出ると考えがちですが、それは違います。とくに、新しい手法を取り入れる場合は違います。努力の量は時間や仕事量に比例して上がっていくものですが、成果はそれに重なるように出てはきません。

多くの人が、「努力をしてもこのやり方では成果が出ない」と思って止めてしま

■この「成功曲線」があなたの未来を決める!

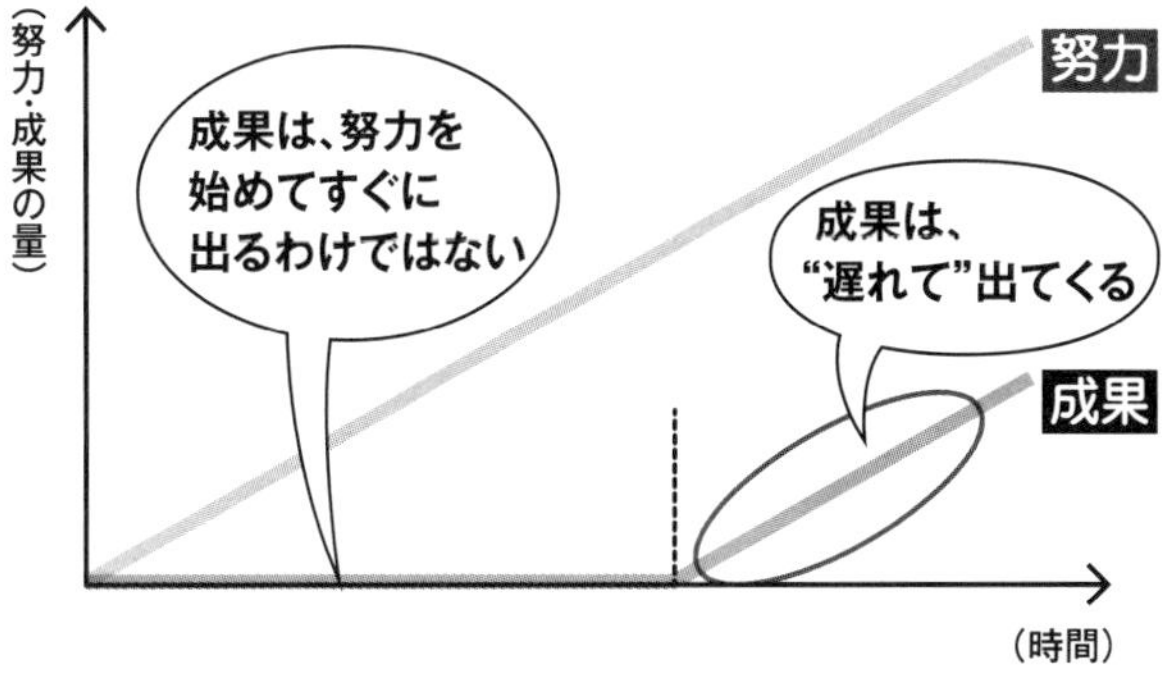

(努力・成果の量)
努力
成果は、努力を
始めてすぐに
出るわけではない
成果は、
“遅れて”出てくる
成果
(時間)

うのです。

でも、それは違います。というか、「まだわからない」というのが正しいでしょうか。

なぜ「まだわからない」かと言うと、上の図のように、今はまだ答えが出る段階ではないからです。

成功なのか失敗なのかもわからない段階で、多くの人がリタイヤしてしまいます。私は、成功する人と成功しない人との違いのひとつは、ここにあると思っています。

電話掛けも、飛び込み営業も、商談の数も、新しい商談の見つけ方も、一度やると決めたら、まず「普通だったらどのくらいまでやるのか」を考えて、その2倍から4

倍はやってみる。

それを**やり切った人にだけ、きっと図のような「成功曲線」を感じていただけるはず**です。

「試練」を乗り越えた先にあるもの

成功とは、不自然なもの——。

仕事で失敗したとき、努力が実を結ばなかったとき、つい凹んでしまいそうなとき……。そんなときに、私は必ずこの言葉を思い出します。

普通以上に成功したいと思うのなら、普通以上のことをするしかない。成功とは、徹底的に、不自然なほど努力したその先にあるのだと思います。

偉そうなことを書いていますが、私は弱い人間です。気を許すと、何事もつい楽なほうに流されてしまいます。そんな自分の弱さをよくわかっていたからこそ、あえて逃げられない環境をつくろうと思って、「不自然」な選択をしたこともありました。

私はプルデンシャル生命に転職したときに、家族と1年間別居していました。

理由は、徹底して仕事に集中するためです。

終電の時間を気にしたり、いつも家族のことを気にかけていたら、新しい仕事で成功するのは難しい。そう思ったので、会社の近くに部屋を借りて、あえてひとり暮らしをして自分を追い込んだのです。

ときには、可愛い盛りの娘を思い出して泣くこともありました。苦しみの多い1年間でしたが、その分営業マンとして一番成長できた期間だったと思います。

仕事をする以上、無理をしてでも頑張らないといけない時期があります。家族や恋人と一緒に過ごす時間が減ってしまったとしても、それは仕方がない。

人生は長いです。仕事に集中して徹底的に努力を重ねる時期があってもいいのではないでしょうか。むしろ、そういう時期はあってしかるべきではないかと私は思います。

もちろん、家族がいるのに、10年も20年も仕事に没頭し続けて、家庭をまったく顧《かえり》みないのは、たしかに問題かもしれません。でも、

「今の自分はこんなふうに忙しくて、こういう立場で仕事をしていて、先々こうなりたいと思っているから、今は仕事に没頭したいんだ」

と、恋人や家族としっかりコンセンサスが取れていれば、ひたすら仕事だけに打ち込む時期があってもいいのではないかと思います。

転職したときに「最初の2年間は、俺はいないものと思ってくれ」と妻と話し合って（実際に別居していたのは1年でしたが）、別居中もしっかりコミュニケーションを取っていました。

「仕事のせいで家族を犠牲にしている」と思われかねない状況かもしれませんが、妻は「犠牲になったなんて思ってない」と言い、私の考えを理解して、支えてくれました。

私も、「わざわざ家族と離れて暮らしているのだから、やるしかない！」と自分を鼓舞《こぶ》して、なんとか踏ん張りました。

その結果、商談の数が圧倒的に増えて、私は多くのお客様と出会えました。**一番仕事の数をこなさなければいけない、一番失敗を多くしなければいけないこの時期に仕事にだけ没頭できたことは、成功するためには不可欠だった**と今も思っています。

私のように家族と別居までするのは極端な例かもしれませんが、多かれ少なかれ、成功していく人には、試練を乗り越えなければいけない時期があると思います。

今後、仕事をしていけば、あなたも多くの困難に直面するでしょう。

そんなときは**「自分は徹底的に努力しているか?」「楽な道に逃げようとしていないか?」**と考えてみてください。

そして、何かに迷ったときは「不自然な道」を選びましょう。

それはつらい選択になるかもしれません。でも、そんなつらい時期を乗り越えた人だけが、日々の失敗・逆境に負けない「強さ」を手に入れられるのだと思います。

あとがきにかえて――

営業という仕事が生む「奇跡」とは

人の縁には面白い「タイミング」がある

私には商談が終わっても、お付き合いを続けているお客様がたくさんいます。

でも、だからといって「営業マン・ウーマンは休日であってもお客様とべったり付き合わなければならない」とは思っていません。職種によっては多少そういうこともあるかもしれませんが、少なくとも私は、お付き合いしたければすればいいし、離れていたければ、ちょっと距離を置けばいいと考えています。

私が商談後もお客様とのお付き合いを続けているのは、**相手とのご縁が思わぬところで深まることがある**からです。

たとえば、私はある年配のお客様から、こんな相談をされたことがあります。

「初めて海外旅行に行きたいんだけど、ツアーに参加すると自由行動の時間が少ないんですよね。でも個人で旅行するのは不安だし、どういう人に相談したらいいかわからない。旅行会社に聞くと、何か都合のいいことばかり言われそうで悩んでいるんですよ」

ときに、お客様の「問題」というのは、私では解決できないこともあります。しかし、幸い私はこの仕事を通じて、さまざまな職種のお客様とお付き合いがあります。

旅行会社に勤めているお客様で、しかも自分と波長が合っていて、信頼できそうな人を知っていましたので、私はこんなふうにお答えしました。

「僕が知っている人で、相談できそうな人がいますよ。もしよければ紹介しましょうか」

そう言って実際にご紹介すると、この年配のお客様とのご縁が一気に深まりました。旅行会社の人からも、

「川田さん、実はゆっくりお話ししてみたいと前から思っていたんですよ。お客様も紹介してもらいましたし、一緒に食事でも行きましょう」

と声をかけていただき、「契約していただいてから、もう10年経つのか。もしかしたら、今この人との関係を深める、そういうタイミングが来たのかもしれない

なぁ」と思いながら、食事に行きました。

人の縁というのは、〝深まるタイミング〟があるんです。

15年くらい前、私はある社長に会いたくて、手紙を書いたり、その人に見せたいビデオを持っていったりと、積極的にアプローチしていた時期がありました。

でも、結局会ってもらえませんでした。

ところが、つい最近になって、ひょんなことから会えることになったのです。そのときに私がどう思ったのかというと、

「あの頃の私は、まだこの人に会える器じゃなかったんだろうな」です。

今こうして会えるようになったのは、自分が多少なりとも成長したことで、その人に会えるタイミングが来たんだろうな、と。

あなたも営業の仕事を始めると、同じようなことがきっとあるでしょう。**会いたい人に会ってもらえないときは、あなたにはまだそのタイミングが来ていないということ**なのだと思います。

でも、何年か経ってから、ふとしたきっかけでまたご縁ができて、

「あなたのような人と取引をしたい」

と言ってもらえるタイミングが訪れるかもしれません。

そのとき、そのときのタイミングで、関係が濃くなる人、薄くなる人がいます。

ただし、いつ、誰と濃くなるかわかりません。

だからこそ、一人ひとりのお客様との出会いを大切にしていきたい。

私はこれまで、人として尊敬できる多くのお客様に出会ってきました。たとえば、ある畜産会社の社長さんは、従業員が車を買うときの保証人になったりしています。

「そんなリスクのあることをどうして？」

と驚いて質問すると、ただひと言。

「従業員が可愛いんだよ」

そんなふうに思ってくれる社長の下だったら、従業員の人たちも頑張るでしょう。

それでも、中には裏切る人もいるんじゃないかと思って聞きました。

「でも、ローンを払えなくなったり、いなくなる人もいたりするんじゃないですか？」

「そんなことを考えたら、一緒に仕事していけないよ」

なんて懐《ふところ》の大きい人なんだろうと、心が温かくなりました。

営業の仕事をしていると、尊敬できる人にたくさん出会えます。

人の縁というのは、宝物です。時間軸を長くもって見ていってほしい。それが結果的に、お客様との関係を深めていく秘訣だと思います。

「ご縁」という奇跡に感謝する

私にとって**営業の仕事の魅力は、いろいろな人に出会って「ご縁」ができること。**

このひと言に尽きます。お客様はもちろん、素晴らしい上司や先輩、後輩にも数多く出会えました。すごいと思える多くの人に出会えたことで、私も成長できたのだと思います。

私がすごいと思うのは、厳しさと温かさの両面を持ったバランスの取れた人。前職で出会った上司は、まさにそんな人でした。

この人は一見すると、すごく手を抜いて仕事をしているように見えました。

でも、実は部下の細かいところまで観察していて、重要なところだけポッと突いてくるのです。厳しいことを言うときも、私たちをフォローしてくれるときもそうでした。年がら年中、細かいことを言うのではなく、厳しさと優しさを出すタイミングをしっかりと心得ている。「自分もそうなりたいな」と思える上司でした。

仕事を通しての出会いは、ときには自分の人生を変えるほど影響を受けることもあるのです。

また、仕事だけではなく、家族や子ども、お金、世の中など物事の考え方、視野の広さや狭さについても参考になる話をいくらでも聞けます。

本を読むように、大勢の人の考え方や価値観に出会える。それを本ではなく、直接ライブで聞けるのは素晴らしいことです。これは営業の最大の魅力だと思います。

大学時代の同級生に聞いた、とても印象深い話があります。

彼は、とあるサッカーの強い高校の出身で、名監督のもとでサッカーをしてきました。

普通、試合前には「こういうプレーをしろ」「こういうことに気をつけろ」という話をするものですが、その監督はこんな話をしていたそうです。

「日本には1億2000万人の人がいる。その中で同じチームになった者が集まって、この1年間、同じグラウンドで、同じ時間を過ごして、同じ目標に向かって今日の日を迎えた。これは奇跡だ。こんな奇跡のもとに集まったお前たちが、負けるはずない。思いっきりその奇跡を楽しんでこい！」

営業という仕事も、同じことだと思います。

誰もが1日24時間、1年365日しかなくて、働く時間は決まっています。私たちは、1億2000万もの人の全員に出会うことは絶対にできません。

でも、**1億2000万人のうちの何百人、何千人かの人とは何かのご縁があって出会えて、目の前に座ってくれて、話を聞かせてくれて、話を聞いてくれて、しかもお客様になってくれるというのは、奇跡中の奇跡**です。

出会った人たちとは、本当に何かの「ご縁」があるのです。濃い関係でも薄い関係でも、それはすべて「ご縁」なのです。長い人生でも出会わない人のほうが圧倒的に多いのに、その人たちとは何か「ご縁」がある。

ひとつのご縁が時間の経過とともに、すごく濃いものになったりもします。そのご縁を育てていくのも、潰していくのも自分次第。全部が全部育っていくわけではありませんが、自分の成長とともに一緒に育てていける、そんなご縁があるのです。

そうやって考えると、**営業という仕事を通じて、いろいろな人に出会えるというのは、たくさんの「奇跡」を手に入れていることと一緒**です。

これから営業の仕事に就く人や、数年しか働いていない人にはまだピンとこないかもしれませんが、**人と人との出会いは財産**です。悩んだときに相談したくなる人、楽しいことがあったときに報告したくなる人、さまざまな人と出会うことで、人生が豊かになっていくのです。

だからといって、目の前にいるすべての人と深いご縁になれるわけではありません。しかし、たくさんの人に出会わなければ、深いご縁は生まれないのです。

営業という仕事は、大変なこともあります。つらいこともあるかもしれません。

でも、楽しいことも、面白いことも、そして何よりも、人とのご縁という人生の宝を得ることができる素晴らしい職業です。

こうして私の本を読んでいただいたのも、何かのご縁です。

いつか私たちが出会って、同じ営業マン・ウーマンとして、一緒に仕事について語り合えるような「ご縁」になるかもしれません。そんな日が来るのを楽しみにしています。

力強く一歩を踏み出してください。

※この本は、多くの方の協力のもと書き上げることができました。

編集協力の谷田俊太郎さん。いつもバックアップをしてくれている秘書兼アシスタントの安田靖子さんと居村由貴さん。この企画を理解してくださった本社の広報や役員の方々。会社の同僚や後輩のみんな。いつも私を支えてくれた家族。そして、何よりも日々私に大切なことを教えてくださるお客様。

私が〝ご縁〟をいただいたすべての人たちに、改めて心より感謝いたします。本当にありがとうございました。

そしてこれからもよろしくお願いいたします。

「営業《えいぎょう》の仕事《しごと》」について
きれいごと抜《ぬ》きでお話《はな》しします

著　者——川田　修（かわだ・おさむ）
発行者——押鐘太陽
発行所——株式会社三笠書房
〒102-0072 東京都千代田区飯田橋3-3-1
電話：(03)5226-5734（営業部）
：(03)5226-5731（編集部）
http://www.mikasashobo.co.jp
印　刷——誠宏印刷
製　本——若林製本工場

編集責任者　長澤義文
ISBN978-4-8379-2534-7 C0030
© Osamu Kawada, Printed in Japan
＊本書のコピー、スキャン、デジタル化等の無断複製は著作権法上での例外を除き禁じられています。本書を代行業者等の第三者に依頼してスキャンやデジタル化することは、たとえ個人や家庭内での利用であっても著作権法上認められておりません。
＊落丁・乱丁本は当社営業部宛にお送りください。お取替えいたします。
＊定価・発行日はカバーに表示してあります。

三笠書房

働き方

「なぜ働くのか」「いかに働くのか」

稲盛和夫

◎成功に至るための「実学」
——「最高の働き方」とは?

■昨日より「一歩だけ前へ出る」■感性的な悩みをしない■「渦の中心」で仕事をする■願望を「潜在意識」に浸透させる■仕事に「恋をする」■能力を未来進行形で考える

人生において価値あるものを手に入れる法!

ビジネスパーソン必須心得
ちょっと辛口で過激な、生き方論

「20代」でやっておきたいこと

川北義則

20代のとき「何をしたか」「何を考えたか」で、人生はガラリと変わる!

「きれいごと」だけでは、世の中渡れない——「仕事」「勉強」「遊び」「読書」「人間関係」「メンター」「お金」「一人の時間」……大人の賢さを身につけるために〝やっておきたいこと〟を細部にわたって紹介。生きるための「実用書」として役立つ一冊!

本・ニュースの読み方から
情報整理、発想の技術まで

「考える力」をつける本

轡田隆史

この一冊で、面白いほど「ものの見方」が冴えてくる!

本・ニュースの読み方から情報整理、発想の技術まで、「考える力」を身につけ、より深めるための方法を徹底網羅。——「『アタマというのは、こう使うものだ』ということを教えてくれる最高の知的実用書!」〈ベストセラー『超訳ニーチェの言葉』編訳者・白取春彦氏推薦!〉

T30152